実務&コンサルのプロによる

間違わない！
事業承継 Q&A

弁護士　西浦 善彦
税理士　髙村 健一
ファイナンシャル・プランナー　坂井 隆浩
経営コンサルタント　垂水 克己

清文社

はじめに

　わが国経済の根幹を支える中小企業では、昨今、経営者の高齢化が進行するなかで、企業体を次世代へ承継させていくことがますます困難な状況となっています。事業をスムーズに承継させることは、企業体が持つさまざまなノウハウの伝承、人的資産の承継（雇用の確保）につながり、ひいてはわが国全体の発展にもつながります。

　また、大塚家具における事業承継の事例にみるように、単に名ばかりの事業承継は、長年培ってきた会社のブランドイメージの低下、これに伴う取引先、金融機関、顧客への影響の波及という決定的な損害を及ぼすリスクをはらんでいることが明らかになりました。

　事業承継とは、ヒト、財産、経営権、という3つの切り離せない有機体を次世代に引き継ぐ組織行為です。かかる行為の実現のためには、ヒトの専門家、財産の専門家、権利の専門家が一体となって会社をサポートする必要があり、このようなサポートがあって初めて健全でリスクのない事業承継が可能になります。

　そこで、ヒトの専門家、財産の専門家、権利の専門家が、どのようなスケジュールで事業承継を進めていけばよいか、おさえるべきポイントはどのようなことかを提示し、難解な事業承継に一筋の光を投じられればとの思いで本書を執筆しました。事業承継についてだれに相談していいかわからないという中小企業の経営者が少なからずいるなか、本書のニーズは高いと考えています。

　次ページの**図表**のとおり、事業承継は多様な専門分野の知識が求められるタスクであり、一分野の専門家による知識や経験だけではカバーしきれない課題だと言えます。本書は、**図表**の各場面において求められる知識をもれなく盛り込んだ書籍であり、今まで存在しなかった1冊であると自負

図表　本書の構成

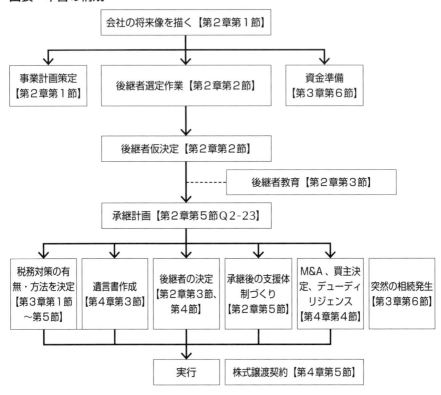

しています。

　ぜひ、本書を手にとっていただき、本書の内容を実践していただくことで、読者の皆さんの大切な会社が、社会的に意義のある存在として永続することの手助けとなれば、それは著者一同の本望です。

　平成29年3月

著者一同

目次 CONTENTS

はじめに

第1章 "事業承継"とは何か

Q1-1 事業承継とはどういうことなのか ……………………… 2
1. 事業承継はなぜ必要か　2
2. ヒトを引き継ぐということ　2
3. 財産を引き継ぐということ　3
4. 経営権を引き継ぐということ　3

Q1-2 "ヒト"を引き継ぐとは …………………………………… 5
1. ヒトの承継の状況　5
2. ヒトの承継の種類　5

Q1-3 "財産"を引き継ぐとは ………………………………… 7

Q1-4 "経営権"を引き継ぐとは ……………………………… 8
1. 業務執行権限と決定権　8
2. 会社の種類に応じた引継ぎ　8
3. 経営権をだれに引き継がせるか　9
4. 相続・家事手続を通じて経営権を引き継ぐ　9
5. M&Aを通じて経営権を引き継ぐ　9
6. 株式譲渡契約について　9

Q1-5 事業承継はどのようなスケジュールで行うのか ……… 11

第2章 "ヒト"を円満に引き継ぐ

第1節 「ヒト」と「目に見えにくい経営資源」の承継 …………14

Q2-1 会社が永続するために必要なこと …………14
- 1 事業承継のジャンル　14
- 2 欠かせない「目に見えにくい経営資源」の承継　15

Q2-2 会社の永続性からみた「目に見えにくい経営資源」の重要性 …16
- 1 事業承継における壁　16
- 2 積み上げてきた経営資源に迫る危機　17
- 3 危機を乗り越えるカギ　17
- 4 目に見えにくい経営資源を軽視した例　18

Q2-3 目に見えにくい経営資源（自社の強み）の承継方法 …………20
- 1 目に見えにくい経営資源の承継準備手順　20
- 2 目に見えにくい経営資源の承継のキモ　22

Q2-4 目に見えにくい経営資源（自社の強み）の洗い出し方 …………23
- 1 客観的視点をもって自社で考えてみる　23
- 2 顧客・取引先に聞いてみる　24
- 3 質問例　24

Q2-5 自社を取り巻く事業環境を見極める …………26
- 1 顧客・市場分析　26
- 2 競合分析　27
- 3 悲観的にならない　27

Q2-6 自社のビジョンを描く …………29
- 1 自社の強みを活かして永続・成長していく道を考える　29

2 イメージを具体的な項目ごとにふくらましていく　30

第2節　後継者の選定　……………………………………………32

Q2-7　後継者選定のポイント　………………………………32
　　1 後継者問題でよく起こっていること　32
　　2 スムーズな承継のために最初に手をつけること　33

Q2-8　会社の魅力や将来性を実感させる　…………………35
　　1 ステップ1：自社の強みを明らかにする　35
　　2 ステップ2：自社の価値を明らかにする　36
　　3 ステップ3：承継想定者に自社の魅力・将来性を感じさせる　36

Q2-9　自社の価値を明らかにする　…………………………37
　　1 自社の仕事関係を見える化（だれに）　37
　　2 周囲からの期待、自社の提供価値を明確にする（提供価値）　37
　　3 自社の存在価値・意義を言語化してみる　39

Q2-10　承継想定者に自社の魅力・将来性を感じさせる　……41
　　1 自社の魅力・将来性を感じさせる方法　41
　　2 長期的視点からみて最も有効な方法　41
　　3 最も有効となる理由　42

第3節　後継者の教育　……………………………………………43

Q2-11　後継者教育の必要性　…………………………………43
　　1 必要な理由　43
　　2 後継者が苦労するポイント　43

Q2-12　後継者育成にかかる期間　……………………………45
　　1 育成にかかる期間　45
　　2 育成に3年以上かかる理由　45

Q2-13 後継者育成での留意点 ………………………………… 47
　1 創業者にみられるリーダーシップスタイル　47
　2 後継者のリーダーシップスタイル　48

第4節 後継者のリーダーシップ開発 …………………………… 50

Q2-14 後継者のリーダーシップスタイルの見つけ方 ………… 50
　1 後継者自身の価値観を明確にする　51
　2 タイプ論を活用したタイプ分けを手がかりとする　51

Q2-15 後継者のやる気を引き出す ………………………………… 53
　1 後継者のやる気を引き出す「すべき」「したい」「できる」モデル　53
　2 「すべき」「したい」「できる」の合致　55
　3 「すべき」の伝達　55
　4 「できる」「したい」の明確化　56

Q2-16 後継者育成の進め方 ………………………………………… 57
　1 育成で身につけた能力を活かす場面の提供　57
　2 後継者の成長度に合わせた教育方法　58

Q2-17 後継者に伝承すべきこと …………………………………… 60
　1 経営者としての心構え（高い意志と使命感）　60
　2 ヒトの動かし方（巻き込み力）　61
　3 これまで続けてきたことを変えるときの心づもり　61

Q2-18 後継者への社外での教育 …………………………………… 64
　1 金銭・数値に対する感覚　64
　2 論理的な考え方（ロジカルシンキング）　65

第5節 人間関係の承継 …………………………………………… 67

Q2-19 人間関係の承継の重要性 …………………………………… 67

1　事業承継の目的　67
　　2　会社の永続に必要なコト　68
　　3　トップ交代を機に社内で起こりうること　69
Q2-20　人間関係と業績との関連 …………………………………70
　　1　人間関係と業績との関連性モデル　70
　　2　関係の質の承継　71
Q2-21　現経営者と後継者との人間関係づくり ………………73
　　1　事例が示す現経営者と後継者との人間関係の重要性　73
　　2　現経営者と後継者とで話し合っておくべきことと話し合い方　74
Q2-22　後継者と従業員との人間関係づくり …………………77
　　1　後継者を支える人間関係づくり　77
　　2　ステップ1：お互い（You）を知る　78
　　3　ステップ2：いま（Now）を明らかにする　79
　　4　ステップ3：われわれ（We）を見出す　82
　　5　ステップ4：将来像、戦略を立てる　83
　　6　ステップ5：具体的な実践計画を立てる　84
Q2-23　ヒトの承継のまとめ ………………………………………86

第3章　"財産"を円満に引き継ぐ

第1節　事業承継が困難な理由 …………………………………90

Q3-1　なぜ、中小企業の事業承継が困難なのか ………………90
　　1　厄介な中小企業の株式　90
　　2　もし突然、会社代表者が亡くなったら　91
Q3-2　中小企業の事業承継における株価の評価方法とは ……92

① 取引相場のない株式　92
　　② 評価の方法　92
　Q3-3　事業承継がうまくできない場合はどうするか……94
　　① 廃業の際に注意する点　94
　　② 廃業を考えたら早く専門家に相談　95

第2節　財産の引継ぎのポイント……96

　Q3-4　社長の個人財産や負債に対する承継する際のポイントとは……96
　　① 会社 VS 個人資産　96
　　② 早めの準備を　97
　Q3-5　個人資産と負債を引き継ぐ際の具体的なポイントとは……98
　　① 個人資産・負債を把握しているか　98
　　② 個人資産・負債棚卸のすすめ　99
　Q3-6　事業をだれに引き継いでもらうか……100

第3節　自社株の買取り……102

　Q3-7　自社株の買取りの必要性とは……102
　Q3-8　自社株の買取り手法とは……104
　　① 自社株の買取り手法　104
　　② 買取り（移転）のうえでの注意点　105
　Q3-9　自社株を買い取る手法として注意する点は……106
　　① 税金はだれが負担するのか（贈与）　106
　　② 税金はだれが負担するのか（売買）　106
　Q3-10　自社株の買取り資金の調達方法は……108
　　① 個人間での移転　108
　　② 会社が買い取るケース　108

③ 生命保険で準備する　109

第4節　事業承継をスムーズにする方法　110

Q3-11　事業承継の全体像とは　110
① 事業承継の全体像　110
② 引継ぎが必要なハード面　110
③ 引継ぎが必要なソフト面　111

Q3-12　株価を引き下げるにはどうするか　112
① 引下げ対策の全体像　112
② 具体的方法（利益圧縮）　112
③ 具体的方法（組織再編）　113

Q3-13　承継をスムーズにする方法とは　114
① 親族に引き継ぐ場合　114
② 自社の従業員に引き継ぐ場合　117
③ その他第三者に引き継ぐ場合　118

第5節　事業承継と経営者の相続　121

Q3-14　経営者自身の相続のポイントとは　121
① 経営者自身の相続　121
② 個人での貸付けや借金　122

Q3-15　相続税の具体的な計算方法と近年の改正　123

Q3-16　相続税の節税対策とは　124
① 節税対策の概要　124
② 贈与を使う　124
③ 保険を使う　124

Q3-17　相続税の配偶者の税額軽減と留意点　126

1　相続税における配偶者の税額軽減とは　126
　　2　財産をあまり持っていない配偶者が先に亡くなると　126
　　3　留意点その1　128
　　4　留意点その2　128
Q3-18　小規模宅地等の特例　129
　　1　一定の要件を満たすと土地の評価を減額　129
　　2　未分割の場合は適用は受けられない　129
Q3-19　未成年者控除、障害者控除　131
　　1　未成年者控除　131
　　2　障害者控除　131
Q3-20　養子と相続税の関係　133
　　1　相続税の基礎控除　133
　　2　法定相続人の数と養子　133
　　3　孫養子の注意点　134
Q3-21　国外財産の相続税の課税の有無　135
　　1　原則は課税される　135
　　2　例外もある　135
Q3-22　相続税の納税資金の確保　137
　　1　不動産の現金化　137
　　2　死亡退職金や弔慰金　138
Q3-23　贈与税の配偶者控除　140
　　1　婚姻期間20年で非課税　140
　　2　暦年の110万円との関係　140
　　3　1回だけの制度　140
Q3-24　扶養義務者からの生活費や教育費として贈与を受けた場合　142
　　1　贈与税は課税されない　142

② 扶養義務者とは 142
③ 一括で贈与を受けた場合は注意 142
④ 相続財産を減らせないか考える 143

Q3-25 富裕層と相続時精算課税について ……………… 144
① 相続時精算課税のしくみ 144
② 相続時精算課税制度のメリットを享受できる場合 145

Q3-26 相続対策としての生前贈与 …………………………… 147
① 暦年課税での生前贈与 147
② 生前贈与のデメリット 148

第6節 事業承継と生命保険 ……………………………………… 149

Q3-27 生命保険を活用して財産を次世代に引き継ぐ方法 … 149
① 相続対策を行わないと… 149
② 生命保険を使えば財産を減らさず守れる 149

Q3-28 事業承継でも生命保険の受取人が大事 …………… 151
① 生命保険加入の目的 151
② 受取人を明確に 151

Q3-29 事業保障対策の必要性 ……………………………… 153
① 現経営者が急逝した場合の問題点 153
② 生命保険が解決してくれる 154

Q3-30 会社に貸し付けている不動産にも対策が必要 … 155
① 後継者以外が土地を引き継ぐと 155
② 買取り資金を準備 155

Q3-31 相続で争う原因になる貸付金の対策 ……………… 157
① 会社に対する貸付金が問題になる 157
② 返済資金を生命保険で準備する 157

Q3-32 連帯保証債務が残っている場合 ……………………………… 159
Q3-33 退職金準備に生命保険を使うメリット ……………………… 160
 1 役員退職金の準備は生命保険でもできる　160
 2 急な資金繰りにも対応できる　160
Q3-34 自社株買取りができないケース ……………………………… 162
 1 「剰余金分配可能額」と「買取り資金」の問題　162
 2 解決策　162
Q3-35 法人で死亡保険金を受け取るときの注意点 ………………… 164
 1 税金がかかることを考慮する　164
 2 年金支払特約も有効　164
Q3-36 生命保険で生前贈与にさらなるメリットを ………………… 166
 1 生前贈与のメリット　166
 2 生命保険を使うことのメリット　166
Q3-37 生命保険、個人か法人か ……………………………………… 168
 1 自社株が足かせになる　168
 2 生命保険はケース・バイ・ケースイで（個人契約か法人契約か）　168
Q3-38 後継者のライフプランニング ………………………………… 170
 1 会社と個人それぞれのビジョン　170
 2 後継者が20代であれば　170
 3 後継者が30代であれば　171

第7節 事業承継と税制改正 …………………………………………… 172

Q3-39 平成29年度税制改正――事業承継に関する論点 ………… 172
 1 納税猶予制度の見直し　172
 2 未上場株式の評価の見直し　173
 3 国外財産に対する相続税等の納税義務の範囲の見直し　173

"経営権"を円満に引き継ぐ

第1節 経営権を引き継ぐとはどういうことなのか ……………… 176

Q4-1 会社の種類と引継方法 ……………………………………… 176
1. 「経営権を引き継ぐ」ということ　176
2. 株式会社の場合　177
3. 株式会社以外の会社の場合　177
4. 個人経営事業の場合　178

Q4-2 株式会社における経営権の引継方法 …………………… 179
1. 株主総会　179
2. 議決権　181
3. 株主総会の招集　181
4. 取締役会　182
5. 代表取締役　183

Q4-3 株式会社以外の会社の経営権の引継方法 ……………… 184
1. 会社の種類　184
2. 有限会社の事業承継　184
3. その他の会社　185

Q4-4 個人経営事業の経営権の引継方法 …………………… 187
1. 個人経営事業主の事業承継の特徴　187
2. 個人経営事業主の事業承継の注意点　187

第2節 経営権をだれに引き継がせるか ………………………… 190

Q4-5 会社の引継相手と引継方法 …………………………… 190

1 引き継ぐ相手　190
  2 家族・親族に引き継がせる場合　191
  3 会社の役員や従業員に引き継がせる場合　191
  4 第三者への売却　191

Q4-6　家族・親族への引継方法 ……………………………………193
  1 家族・親族への承継　193
  2 生前贈与　193
  3 遺言による承継　194

Q4-7　会社の役員・従業員への引継方法 ………………………195
  1 従業員への引継ぎ　195
  2 家族・親族への承継との違い　195

Q4-8　第三者への引継方法 ………………………………………197
  1 M&Aとは　197
  2 M&Aの手法を利用するために　197
  3 会社の情報の開示　198

第3節　相続・家事手続を通じて事業を引き継ぐ ……………199

Q4-9　相続・家事手続での引継方法 ……………………………199
  1 相続とは　199
  2 遺言書の作成　200
  3 生前贈与　200
  4 成年後見手続とは　201

Q4-10　遺言する際の注意点 ………………………………………202
  1 遺言とは　202
  2 遺言の形式　202
  3 遺言する際にどのような注意が必要か　204

4 遺言書の内容　204
　　5 遺言執行者の選任　205
　　6 生命保険の活用　205

Q4-11　生前贈与の注意点 ……………………………………… 206
　　1 生前贈与　206
　　2 遺留分減殺請求のリスク　206
　　3 持戻しの免除　207

Q4-12　成年後見手続の注意点 …………………………………… 209
　　1 契約が無効となるリスク　209
　　2 成年後見申立手続　209

第4節　M&Aを通じて事業を引き継ぐ ……………………… 211

Q4-13　M&Aによる事業承継 ……………………………………… 211
　　1 M&Aによる事業承継とは　211
　　2 M&Aの種類　211
　　3 M&Aの手順　212

Q4-14　M&Aの種類 ………………………………………………… 213
　　1 株式譲渡による事業承継　213
　　2 合併による事業承継　213
　　3 事業譲渡による事業承継　214

Q4-15　M&Aの手順 ………………………………………………… 215
　　1 M&Aの準備行為　215
　　2 実行行為　215

Q4-16　買主を探す ………………………………………………… 217
　　1 総論　217
　　2 専門会社の相違　217

Q4-17 価格の決定 …………………………………………………… 219
　① 代金の決定　219
　② 法務デューディリジェンスについて　219

第5節　株式譲渡契約 ………………………………………………… 221

Q4-18 株式を譲渡するための契約 …………………………………… 221
Q4-19 基本合意書とは ………………………………………………… 223
　① 基本合意の必要性　223
　② 基本合意書に盛り込むべき内容　223
Q4-20 秘密保持契約書とは …………………………………………… 228
Q4-21 株式譲渡契約書とは …………………………………………… 231

索　引 …………………………………………………………………… 241

本書の内容は、平成29年3月1日現在の法令等に基づいています。

第1章 "事業承継"とは何か

Q1-1 事業承継とはどういうことなのか

最近「事業承継」という言葉をよく耳にしますが、どういうことを言うのでしょうか。

A 「事業承継」とは、営業活動としての事業を自分以外のだれかに引き継ぐことをいいます。本書では、事業承継を、「ヒトの引継ぎ」、「財産の引継ぎ」、「経営権の引継ぎ」という3つの切り口から、それぞれの分野のプロフェッショナル（専門家）が解説する構成になっています。

解説

1 事業承継はなぜ必要か

経営者の皆さんが、いままでがんばって成長させてきた会社が、今後も永続的に続いていくためには、円滑な事業承継によって事業価値をしっかり次世代に引き継いで事業活動の活性化を実現することが不可欠です。

100年続く企業の多くは、世代交代を経て、企業の文化を継承し、今、その文化を企業ブランドとして、取引上の信用を築いています。

では、事業承継とは、具体的にどのようなものなのでしょうか。

2 ヒトを引き継ぐということ

当然ながら、会社とは、通常、会社役員、従業員などの多くの人びとの活動によって成り立つ営業集団であり、生身の人びとのモチベーションを維持し、より発展した会社になっていく必要があります。

生身の人間であるからこその難しさがあり、最も慎重な引継ぎが求めら

れるでしょう。

　この分野については、Q1-2および第2章において、経営コンサルタントの垂水克己が回答します。

3 財産を引き継ぐということ

　次に、事業承継において、従来より最も重点を置かれてきた部分、すなわち、会社の財産を引き継ぐという点が挙げられます。

　実際に、会社の財産をどのように引き継いでいけば円満な引継ぎが可能になるのか、Q1-3および第3章において、税理士の髙村健一、ファイナンシャル・プランナーの坂井隆浩が回答します。

4 経営権を引き継ぐということ

　そして最後に、経営権という目に見えない権利を引き継ぐことも、事業承継において、非常に重要な要素となっています。

　実際に、従来の経営者の地位立場を新経営者に引き継がせ、新リーダーの下で、事業が継続し続けるには、どのようなことに注意すべきか、Q1-4および第4章において、弁護士の西浦善彦が回答します（**図表1-1**参照）。

図表1-1

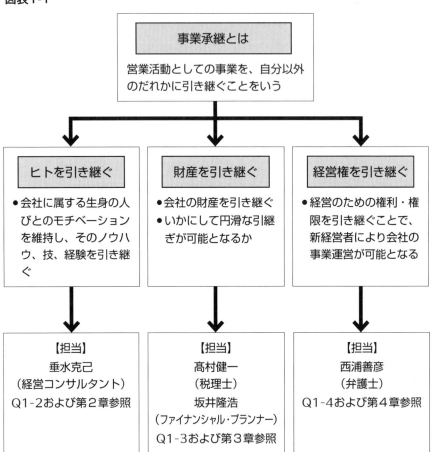

Q1-2　"ヒト"を引き継ぐとは

「ヒト」の承継とは何でしょうか。

 後継者の選定・育成、そして後継者を支えていく社内の人間関係の承継のことを指します。

解説

1 ヒトの承継の状況

　世代交代を決意できない代表的な例の1つに、「息子が後継者には不向きで、後継者が見つからない」というものがあります。

　世代交代をしたいと考えるものの、後継者が見つからず会社をたたんでいく事業者が後を絶ちません（年間29万社の廃業企業のうち、約7万社が「後継者不在」によるもの。中小企業庁調べ）。

　また、社長の年齢が「60歳代」の企業では、32.0％が後継者不在となっています。同じく「70歳代」では18.8％、「80歳以上」でも10.6％が後継者不在となっており、後継者が見つからないというのは大きな問題になっています（中小企業庁調べ）。

2 ヒトの承継の種類

　事業承継においては、上記のとおり後継者という「ヒト」資源を確保していくことが重要となります。

　しかし実は、「ヒト」の承継はこれだけには限りません。単に、後継者が決まるだけでは、会社の経営はうまくいかないからです。

　当然のことながら、社長1人の会社でない限り、会社は社長1人の力だ

図表1-2

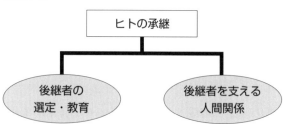

けでは回りません。要は会社に勤める従業員が必要となるのですが、頭数さえそろえば済む問題ではなく、しっかりと働いてくれて初めて会社は回っていきます。

　言わば、会社に勤める従業員も「ヒト」資源ですし、その従業員がしっかりと働いてくれるためには、会社・社長との人間関係（信頼・協力など）や、従業員同士の人間関係といった、目に見えにくい経営資源（会社の強み）も大切になってきます。

　「ヒト」の承継とは、後継者の選定・育成、そして後継者を支えていく社内の人間関係の承継のことを指します（**図表1-2**参照）。

Q1-3 "財産"を引き継ぐとは

財産を円満に引き継ぐとは、どのようなことでしょうか。

A 財産は、「会社（法人）の財産」と「個人所有の財産」とに分かれ、これをそれぞれ別個に考えずにトータルで考えていくことで、円満に引き継ぐことができます。

解説

"財産"を円満に引き継ぐとは、会社と個人所有資産を別個に考えずにトータルで考えることが必要です。そうすることで、その目的を達成することができます。具体的には第3章で、以下の論点を中心に述べていきます（**図表1-3**参照）。

① 事業承継が困難な理由
② 財産の引継ぎのポイント
③ 自社株の買取り
④ 事業承継をスムーズにする方法
⑤ 事業承継と相続
⑥ 事業承継と保険
⑦ 事業承継と税制改正

事業承継とは、単に事業を承継することだけではなく、ヒトや経営権といった部分にも着目する必要があります。それらについては第2章、第4章をご参照ください。

図表1-3 財産を円満に引き継ぐとは

- 会社と個人所有の財産をトータルで考える
- 本書では第3章でそれぞれについて解説する

Q1-4 "経営権"を引き継ぐとは

このたび、父から会社の経営を引き継ぐことになりました。父に代わって新代表取締役に就任すれば、経営権を引き継げるのでしょうか。

A 会社の種類にもよりますが、株式会社の場合、代表取締役に就任しただけでは経営権を引き継いだことにはなりません。経営権を引き継ぐためには、現経営者の保有する会社の株式の譲渡を受ける必要があります。

解説

1 業務執行権限と決定権

株式会社の業務執行を行うのは、代表取締役であり、新代表取締役に就任することで、業務執行権限を持つことができます。

しかし、会社の重要事項の決定権、取締役の選任・解任権は株主総会にあり、株式を一定程度保有していないと会社の重要な意思決定に参加できないうえ、代表取締役はいつでも解任されてしまう立場にあります。

そのため、会社の経営権を引き継ぐためには、会社の株式を取得しなければいけません。

2 会社の種類に応じた引継ぎ

会社には、株式会社、有限会社などから、個人事業主まで、さまざまな形態の会社が存在していますが、種類ごとにそれぞれ経営権の引継ぎの方法に差異があります。

詳細は、第4章第1節をご参照ください。

3 経営権をだれに引き継がせるか

次に、引き継ぐ相手がだれかによっても、その承継方法に差異が生じます。家族・親族なのか、会社の役員・従業員なのか、またはまったくの第三者なのか。それぞれの相手方に合わせた引継方法を採用する必要があります。

詳細は、第4章第2節をご参照ください。

4 相続・家事手続を通じて経営権を引き継ぐ

また、どのような手法を用いて引継ぎを行うのかといった点にも着目する必要があります。現経営者の死亡と同時に、相続により株式を新経営者に移すという方法、現経営者の存命中に、生前贈与という形で株式を譲渡する方法、さらには、成年後見制度を利用した方法などもあります。

詳細は、第4章第3節をご参照ください。

5 M&Aを通じて経営権を引き継ぐ

さらに、相続などとは異なる手法として、主にまったくの第三者との間で、M&Aによって、株式を譲渡して、経営権を引き継ぐという手法もあります。

どのような点に注意して、M&Aに取り組んでいくのかについて、詳細は第4章第4節をご参照ください。

6 株式譲渡契約について

最後に、実際の株式譲渡の場面では、具体的にどのような取り決めをして、どのタイミングで、どういった契約を交わせばいいのかについて、詳細は第4章第5節をご参照ください（**図表1-4**参照）。

図表1-4

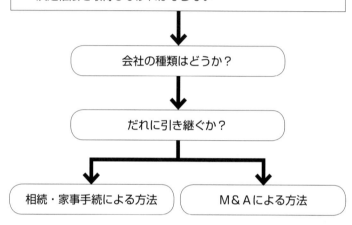

Q1-5 事業承継はどのようなスケジュールで行うのか

ヒト、財産、経営権をそれぞれ引き継ぐことはわかりましたが、それぞれをどういったスケジュールで行っていけばいいですか。

A ヒトの引継ぎ、財産の引継ぎ、経営権の引継ぎは、それぞれが1つ1つ順番に引き継がれるのではなく、同時進行で引継ぎを行うことになります。

解説

まず、最初に始めることは、「会社の将来像を描くこと」です。

今後どのような会社をつくり上げていくのかという承継後の会社のイメージを描いた後、具体的に事業計画を作成しつつ、後継者の選定作業を始めます。同時に事業承継のための資金準備も開始しなければなりません。

特に後継者の選定作業に関しては、仮の後継候補者を選定し、その候補者の教育を行います。そして、具体的な事業承継の計画を策定していきます。

事業承継の計画を立案した後は、具体的な承継のための手順、すなわち、「税務対策」、「遺言書の作成」、「後継者の決定」、M&Aの場合には「買い主を定めてデューデリジェンス」を、並行して行っていくこととなります。

その結果、現実に事業承継が可能となれば、株式譲渡契約書を締結したうえで、事業承継を実行に移すことになります（**図表1-5**参照）。

第1章 "事業承継"とは何か

図表1-5 事業承継のスケジュールと本書の構成

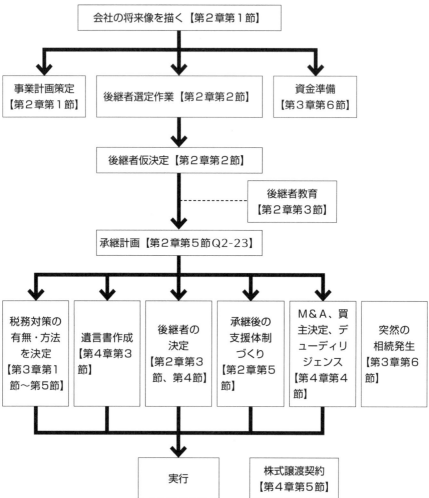

第2章

"ヒト"を円満に引き継ぐ

第1節 「ヒト」と「目に見えにくい経営資源」の承継

Q2-1 会社が永続するために必要なこと

事業承継を考え始めたのですが、相続税対策や経営権移転の他に、考えるべきことはありますか。

A 会社を引き継ぐ後継者の問題と、承継後も会社がしっかりと業績を上げていけるようにするための基軸となる会社の強みの引継ぎを、いかにしていくのかを考える必要があります。

解説

1 事業承継のジャンル

　世代交代や事業承継と聞くと、多くのオーナー社長は、相続税対策のことを考えます。確かに、膨大な金額になる相続税に対して、どのように準備するのかということは、会社の存続にとって大きな問題であり、しっかりした準備が必要になります。

　しかし、事業の承継は単にリーダーが交代するだけの話ではありません。相続税対策も言わば自社株式や事業用資産、資金などの「資産」にあたるわけですが、「資産」の承継以上に実は手間と時間がかかるものがあります。

　それが「ヒト」の承継と「目に見えにくい経営資源（会社の強み）」の

図表2-1　事業承継の3つのジャンル

```
┌─────────────────────────────┐  ┌─────────────────────────────┐
│  ヒトの承継                  │  │  資産の承継                  │
│                              │  │                              │
│ ●後継者の選定・育成   (人)    │  │ ●自社株式            (物)    │
│ ●人材（従業員）              │  │ ●事業用資産                  │
│                              │  │  （設備・不動産等）          │
│                              │  │ ●資金                (金)    │
│                              │  │  （運転資金等）              │
└─────────────────────────────┘  └─────────────────────────────┘

┌─────────────────────────────────────────────────────────┐
│  目に見えにくい経営資源（強み）の承継                    │
│                                              (情報)      │
│ ●経営理念、組織風土   ●従業員との信頼関係              │
│ ●社長の持つ信用       ●熟練工の持つ匠の技  (知的資産)   │
│ ●営業秘密             ●得意先担当者の人脈              │
│ ●特許、ノウハウ       ●顧客情報          (人間関係・   │
│ ●従業員の会社への帰属意識 ●許可、認可、認証  信頼・信用) │
│ ●社員同士の人間関係                                      │
└─────────────────────────────────────────────────────────┘
```

承継です。

具体的には以下のようなものとなります（**図表2-1**参照）。

- ヒト……後継者の選定・育成、人材
- 目に見えにくい経営資源（会社の強み）……経営理念、信用、ノウハウ、技、人脈、顧客情報、認可、従業員の会社への帰属意識、社員同士の人間関係・信頼関係、などの承継

2 欠かせない「目に見えにくい経営資源」の承継

本章では、ヒトの承継について説明していきますが、実のところ、スムーズなヒトの承継のためには、「目に見えにくい経営資源」の承継が欠かせません。併せて説明することとします。

Q2-2 会社の永続性からみた「目に見えにくい経営資源」の重要性

後継者問題だけでなく、目に見えにくい経営資源を考えることはなぜ必要なのでしょうか。

 後継者が事業を引き継いだ後にも、事業が順調に運営され継続的に成長していくためには、資金や資産の他にも自社の強みである、目に見えにくい経営資源が必要となるからです。

解説

1 事業承継における壁

経営者の方が世代交代を決意できない代表的な例には、次のようなものがあります。

① 息子が後継者には不向きで、後継者が見つからない
② 会社の経営、借入金に関する不安（こんな状態では、次世代には渡せない）
③ 自分がいなければ、この会社は成り立たない

言い換えれば、これらが事業承継を考え出したときの課題になります。
それぞれ課題の解決方法としてテーマを考えると、次のようになります。

上記①は「後継者」がテーマとなります。

②は、会社の経営を改善していくということのために、会社の強みを明確にし、それを活かしていく経営にチャレンジしていくことで解決できるという意味で、「目に見えにくい経営資源」がテーマになります。

そして③は、一見後継者がテーマのように見えますが、それだけではあ

りません。社長の能力・人脈・信用で成り立ってきたものを、「他の強みで徐々に補えないか？」を考えていくということをしないと、それこそいつまで経っても次世代に引き継げません。

ですから、③は、「後継者」と「目に見えにくい経営資源」の双方を考えていく必要があります。

２ 積み上げてきた経営資源に迫る危機

会社の経営資源には、「ヒト」、「モノ」、「カネ」、「情報」、「知的財産（ノウハウ）」、「組織力」などがあると言われています。

これらを蓄積していくこと、そして活かしていくことが、会社の業績の善し悪しに大きく影響を与えると言っても過言ではありません。

その反面、事業承継のタイミングでこれまでせっかく積み上げてきたこれらの経営資源を、承継を機にどんどん失い、結果として業績が右肩下がりになっていきかねないという危機も待ち構えています。

創業社長の人脈、商品や業界に関する知識・知見、修羅場をくぐり抜けてきた営業力などで成長してきたものの、ご子息に承継したもののそのようなことをすぐに身につけられるわけがなく、業績がじり貧になるといった例は少なくありません。

３ 危機を乗り越えるカギ

この危機を避けるためには、目に見えにくい経営資源（会社の強み）をいかに引き継いでいくかを考える他ないでしょう。

また一方で、事業承継を考え出した場合、「渡せるような経営状況、経営基盤であるか？」が一番気になるという方もいらっしゃるかと思います。

そのような場合も、まずは自社の経営基盤・経営状況をしっかりとしたものにするようにするために、まずは「自社の強み」である「目に見えにくい経営資源」を明確にし、それをしっかりと活かしていくようにする。

また、もしもっと増やすべき「目に見えにくい経営資源」があるのであれば、それを明確にすることが必要となるでしょう。
　ですから、経営基盤・経営状況をしっかりとしたものにする必要がある場合も、すでに盤石な状態である場合も、「目に見えにくい経営資源（会社の強み）」の現状をしっかりと把握する必要があります。そのうえで、必要に応じて増やす努力をしていく必要も出てくるでしょう。

4　目に見えにくい経営資源を軽視した例

　とは言え、多くの場合、自社の強みに気づいていない例をよく見かけます。
　創業以来、会社が存在してきたのは、消費者や取引先が購入してくれたからに他ならないのですが、購入してくれるには何かしらの価値を見出してくれているからです。そしてその価値を生み出している源泉が、まさしく会社の強みです。
　この強みをしっかりと認識せずに、新しいことを始めたことで顧客を失う例を、これまでたくさん見てきました。
　例えば、ビジネス街に店を構える３代目が担う蕎麦店。近隣にチェーンの立ち食い蕎麦店が出店し、業績が厳しくなったため、競合の店にならい低価格化・セルフサービス化にしたところ、客足がより一層少なくなってしまいました。これまでの常連客はチェーン店にない落ち着いた雰囲気とサービスに価値を見出してくれたのに、チェーン店と同様に変更したことで、一気に魅力を感じなくなってしまったのでしょう。
　これなどは、自社の強みを把握せずに、新しいことを始める代表的な失敗例と言えるでしょう（**図表2-2**参照）。

図表2-2

事業承継のタイミング

積み上げてきたものを
失う危機にもなりうる

 危機を乗り越える

自社の強みを明確化し活かす

Q2-3 目に見えにくい経営資源（自社の強み）の承継方法

目に見えにくい経営資源を承継していくには具体的にどこからどのように始めればよいでしょうか。

A　「自社の強みを明確にする」→「自社を取り巻く事業環境を見極める」→「自社のビジョンを描く」→「中長期的な経営計画および事業承継計画書を作成する」の4ステップを踏んでいくことが有効です。

解説

1 目に見えにくい経営資源の承継準備手順

「目に見えにくい経営資源」を承継していくには、下記①〜④までの4つのステップを踏んでいく必要があります。

① 自社の強みを明確にする
② 自社を取り巻く事業環境を見極める
③ 自社のビジョンを描く
④ 目に見えにくい経営資源の承継計画を作成する

(1) 自社の強みを明確にする

強みというと、商品やサービスの強み、競合に対する差別性を想像する方が多いですが、実はそれに限りません。社内の体制・仕組み、社風なども強みに挙げられます。代表的な強みのジャンルを**図表2-3**に挙げます。

(2) 自社を取り巻く事業環境を見極める

自社にどれだけ強みがあっても、取り巻く事業環境と合致していない限り、本当の意味で強みは活かされません。多くの企業で苦戦している理由は、事業環境の変化に対応できていないことに多くが起因しているといっ

図表2-3　自社の強みの切り口例

組織の資産	考える切り口
ヒト	能力、経験、資質、人数など
モノ・サービス	品質、独自性、汎用性、価格など
ブランド	知名度、イメージ、信用など
カネ	自己資本額、自己資本比率、キャッシュフローなど
知識技術	スキル、ノウハウ、経験知、暗黙知ナレッジの共有など
ビジネスパートナー	仕入れ先、販売先、協力会社、外注先の質、関係性など
顧客	数、質、購入頻度、顧客情報など
業務プロセス	迅速性、正確性、納期、コスト
組織人事制度	やる気を引き出すものになっているか？　整備されているか？
組織文化	雰囲気、暗黙ルール、行動規範など
組織内人間関係	オープンさ、親密さと厳しさ、信頼関係、協力関係

ても過言ではありません。

　会社の将来性を考えるうえで、事業環境がどのように移りゆく可能性があるのかを見ずして将来性は計れないでしょう。

(3) 自社のビジョンを描く

　自社の強みを洗い出し、自社を取り巻く事業環境を見極めたうえで、自社のビジョンを考えてみてください。

　自社のビジョンは、「変化する事業環境の中で、自社の強みをどのように活かしうるのか？」を考え、それらが実現したときの状況をイメージするものです。

　ビジョンというと、5年後や10年後の売上高や利益高などがすぐに思いつくかも知れませんが、それだけに限らず自社の強みを考えた切り口も役に立つと思います。

　「何年先のものを考えるか？」ということも悩むかも知れませんが、事

業承継後5年後ぐらいが適当かと思います。

(4) 目に見えにくい経営資源の承継計画を作成する

　会社の強みを明確にし、自社事業の将来性をかんがみたうえで、会社の将来ビジョンを描いたら、具体的な中長期経営計画を作成してみましょう。年度別売上高、利益等の数値目標に加えて、これらの達成に向けた具体的な行動予定や作業項目を明らかにしていきます。これらを基に、事業承継計画も作成できます。

②　目に見えにくい経営資源の承継のキモ

　目に見えにくい経営資源には、資産や資本といった目に見える経営資源よりも承継しにくいモノが多くあるというやっかいな特性があります。

　自社の強みを挙げていく中で、「カネ」や「組織人事制度」、「業務プロセス」など物理的なものであり、かつ自社で完結するものに関しては、承継後にそのまま移行できるものです。

　一方で「顧客」や「ビジネスパートナー」などは物理的なものではありますが、承継後もそのままの関係が続けられるかは、相手次第のとこもあります。例えば、顧客や金融機関などとの信頼などは、社長が交代した途端にリセットされてしまうおそれがあります。また、組織内人間関係などはトップである社長が変わった途端に変わりがちです。

　その他にも、ノウハウやスキルも多くは1人1人の社員に帰属するモノですから、その社員達がトップである社長が交代した途端に、モチベーションがダウンし、もっている能力の半分しか発揮しなくなってしまうということも起こりうるのです。

　つまり、目に見えにくい経営資源は、物理的なものだけでなく信頼や信用、人間関係というものまで含まれますので、これらをいかに承継していくのかに注意を払う必要があります。

　組織内人間関係などの承継に関しては、Q2-20をご参照ください。

Q2-4 目に見えにくい経営資源（自社の強み）の洗い出し方

自社の強みを洗い出していくには、どのように進めていけばよいでしょうか。

　自社の強みを洗い出す代表的な方法には、「自社で考えてみる」、「顧客・取引先に聞いてみる」、「専門家や金融機関に聞いてみる」といったものがあります。

解説

自社の強みを洗い出す代表的進め方には、以下のようなものがあります。
① 客観的視点をもって自社で考えてみる
② 顧客・取引先に聞いてみる
③ 専門家（中小企業診断士）、金融機関などに聞いてみる

1 客観的視点をもって自社で考えてみる

何といっても一番最初にやるべきことは、自社で考えてみることです。

日頃、業務に追われるあまり、自社の強みに意識を向けるという機会はほとんどないというのが実情かと思います。

自社の強みを洗い出すことで、自分たちの仕事を見直す機会にもなります。

自社の強みに関する認識は、社長と社員とでは違う可能性があります。社長は社長ならではの見方がある一方、社員は直接現場で顧客の反応なども見ているだけに、社員ならではの見方があるものです。

これらを両者で共有することで、視野が広がるとともに、お互いの理解が深まることにもなります。

2 顧客・取引先に聞いてみる

　「自社で考えてみる」というものは一番手軽で、手っ取り早いのですが、自社の本当の強みを見逃す可能性があります。

　自社の強みは、案外自分たちでわかっていないことが、多くあります。まずは自社で洗い出してみることが第一歩となりますが、自分たちではわからない、自社の強みも実際にはあるものです。そのためには、他者に聞いてみることが１つの打開策となります。

　それが顧客・取引先に聞くというものです。

　案外、自社は知らなくとも、顧客からするとよさというものがあったりします。

　ここをつかみ、活用していけるようになれば、どんどん顧客のニーズに応えられ、業績にも好影響を与えていく可能性が高まるものとなります。

　永年、自社の製品を購入していただいている顧客は、永年購入しているだけの理由があるはずです。それが正に当社の強みになります。

　また永年、自社に製品を卸してくれている取引先だからこそ、見えている強みがあるかもしれません。

3 質問例

　質問・アンケートの一例として、商品・サービスの消費者への質問例をご紹介します（**図表2-4**参照）。

　なお、強みを洗い出すうちに、自社では強みだと思っているものの、顧客など他人には伝わっていないものなども、見つかってくることもあるかもしれません。

　そういったものは、何かしら伝える努力をしていくことが今後必要となるものです。その努力の１つが、ホームページやパンフレット等での告知といったマーケティングでしょう。

図表2-4　商品・サービスの消費者への質問例

①	どのようなときに商品・サービスを使っていますか
②	この商品・サービスを使うことで、どのようになるのでしょうか
③	実際にどのように活用されていますか
④	同じような商品・サービスが多い中で、当社の○○を使っていただいている理由を2〜3つお聞かせいただけますでしょうか

Q2-5 自社を取り巻く事業環境を見極める

自社を取り巻く事業環境を見極めていくには、どのように進めていけばよいでしょうか。

 外部環境の現状を洗い出し、それらがそれぞれ今後どのように変化していくことが考えられるのかを考えてみましょう。

解説

外部環境の現状と今後の見込みは、「顧客・市場分析」と「競合分析」が必要となります。

1 顧客・市場分析

顧客・市場分析は、市場規模（額、推移）、成長性、成熟度などがそれにあたります。

業界団体誌やビジネス書に載っていたりもしますが、手っ取り早いのが専門家や取引がある金融機関などに聞いてみるというのがよいでしょう。

金融機関によっては自前の調査機関が業界動向をつかんでいたり、それらの情報を金融機関同士のネットワークで手に入れられたりします。

市場の可能性を見誤ったため、事業売却した後に後悔をする次のような例も見かけます。

社長自身の身体的理由により引退を考えたものの、国内での市場衰退を悲観し、事業売却を決意したところ海外企業から引き合いがあったため売却をした後に、国外ではまだまだ可能性があることに気づいたものの後の祭りです。

市場の可能性などについては特に第三者の意見を聞けるようする必要が

ありますし、そのためにはそれ相応の時間を必要とします。早めの準備が必要と言えるでしょう。

2 競合分析

競合分析は、業界内同業者、代替品、新規参入業者、供給業者、買い手・ユーザーなどがそれにあたりますが、少なくとも業界内同業者だけは分析するようにしましょう。

同業それぞれの強み、弱み、どのような取組みをしようとしているか、といったポイントを洗い出してみましょう。日頃から交流があればこれまでに感じてきたこともあるでしょうし、取引先にそれとなく聞いてみてもよいでしょう。

3 悲観的にならない

これら外部環境の分析をしていくうえで、大事なポイントがあります。

それは悲観的な部分だけに囚われすぎないということです。高度成長期のような右肩上がりの時代ではないため、外部環境を考えると悲観的な気分になりがちですが、ここではそれで終わってしまったのではあまり意味を成しません。

楽観的になれということではありませんが、「何かしらよいニュースはないか？」を探そうとアンテナを広げていく必要があります。

景気が悪いという中でも、同業者のすべての企業が低迷しているわけではないはずです。「着実に業績を伸ばしている企業はないか？」「もしあるとすればその企業はどのような取組みをしているのか？」「どのような強みを発揮しているのか？」を研究していく姿勢が、会社をつなげていくためには非常に大切なものとなります（**図表2-5**参照）。

図表2-5

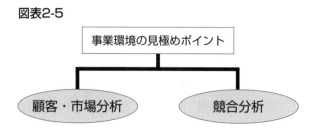

第1節 「ヒト」と「目に見えにくい経営資源」の承継

Q2-6 自社のビジョンを描く

自社のビジョンを描くには、どのように進めていけばよいでしょうか。

A 自社を取り巻く事業環境が変化していく中で、自社の強みを活かして、どのような会社になっていくのかといったイメージを具体的にしていくことが、ここでのポイントです。

解説

1 自社の強みを活かして永続・成長していく道を考える

　事業環境の変化と自社の強みとの合流するポイントを見つけていきます。

　創業からこれまでも消費者のニーズは変化してきて、売れるものも変わってきてはいますが、これからはより一層変化する可能性もあります。

　例えば、印刷業界からすると企業のペーパーレス化はより一層進むでしょうし、食品業界であれば、個食化や健康志向といった流れが進むことが予想されます。

　そのような中で、自社が生き残っていくために、
- どのような強みを活かして、どのようなジャンルに打って出るのか？
- 変化していく顧客の嗜好、要望（これも言わば外部環境の変化）に貢献するために、自社の強みを活かしてどのような商品・サービスを提供していくのか？
- 既存の商品をどのように変化・成長させていくのか？

といったことを考えてイメージしてみてください。

図表2-6　自社のビジョンを描くための具体化項目

業績	売上高や利益高は現在からどれくらい伸びているか？
人的資本	後継者はどのように仕事に取り組んでいるか？　社員数は何人くらいか？　現状とはどれほど変化しているか？
モノ・サービス	どのような商品・サービスを販売しているか？　複数の商品・サービスがある場合は、それらの売上割合はどのようになっているか？
財務資本	現金資金・資産額は現在からどれくらい伸びているか？
知識技術	主なスキルやノウハウはどのようなものを保有しているか？
ビジネスパートナー	どのような仕入れ、販売、協力会社とお付き合いしているか？　それぞれとの連携度合いはどのようになっているか？
顧客	直接お取引している顧客は何社か？それぞれの売上割合は？　直接お取引がある顧客と最終消費者が違う場合は、最終消費者はどの程度の規模（人数）になっているか？
組織人事制度	どのような人事制度となっているか？（採用基準、評価基準、報奨制度など）
組織文化	どのようなことを大切にする会社になっているか？（例：誠実、オープンマインド、真剣、規律、ガッツなど）
組織内人間関係	社員同士の風通しや連携具合はどのようになっているか？

2 イメージを具体的な項目ごとにふくらましていく

1で何となくイメージできたことを、具体的にしていくために、項目ごとにイメージをふくらましていきます。

具体的に考えていただきたい項目を、**図表2-6**に挙げました。

それぞれ事業承継後何年目かを決めて考えていただきたいのですが、全部を網羅する必要はありません。特に重視したいもの、優先したいことを何個か挙げて、それらについて考えてみるとよいのです。

ちなみに、筆者が取引している顧客には、これらをいきなり文字や数字

図表2-7

で考えるのではなく、まずは組織文化やビジネスパートナーとの関係や事業規模などをイメージして絵に描いてみたり、粘土などで造作物を創って大枠をイメージしていただきます。

　そのうえで、イメージが実現したときの売上や利益、社員数などを具体的な数字に表していくといった手順で進めてください（**図表2-7**参照）。

第2節 後継者の選定

Q2-7 後継者選定のポイント

後継者を選定するうえで、最初に手をつけるべきことは何ですか。

A 本人の意思、経営者としての志、などで見極めることも大切ですが、承継想定者に会社の魅力や将来性を伝え実感させ、その後の変化で見極めることも重要です。

解説

1 後継者問題でよく起こっていること

「ヒト」の承継の最初の一歩は、後継者を選定することになりますが、同族会社などで、子息に引き継ぎたいと思っていたものの、当の本人が希望しない等で、承継を断念し廃業や売却するという企業が後を絶ちません。

この一因として、昨今、子どもが成長するまで、親の仕事の現場や中身を知ったり体感したりする機会がないことにあると思われます。子どもには自由な選択をさせたいという親の気持ちも含め、これらのことが子どもの跡継ぎ離れを助長していると思います。

承継想定者が承継することを決意できない代表的な例として、以下のようなことをよく耳にします。

- 会社を経営していく自信が持てない
- 会社の将来像に期待を持てない
- 会社経営の厳しさばかりを見てきたため、魅力を感じない
- 自分がやりたいことは他にある

　これらは、つまるところ、「会社や仕事に魅力や将来性を感じない」ということではないでしょうか。

　これらは、社会・家族環境の変化が大きく影響していると思われます。昭和初期までは、家業を長男が継ぐことは定めとされていることが多く、子どもの頃から手伝いなどをさせられ、親の仕事に触れる機会をもたされました。また、仕事場と住居が同じ建物内にあるなど、否応なしに親の仕事を間近に感じる機会がありました。

　しかし昨今は、親の仕事に触れずに成長することも多くなり、興味を持つチャンスが減ってしまっているようです。

2 スムーズな承継のために最初に手をつけること

　そこでまず始めるべきことは、後継想定者に会社や仕事の魅力や将来性を伝え・感じさせて、そのうえで本人の意思や志を計るということです。

　ヒトの承継で最初にやるべきことは、承継想定者が自信を持って継いでいけるよう、引き受けられるようにしていくことです。そのためには、自社の強み、自社の（社会的）価値を明らかにし、それを通して会社の強み・将来性を承継想定者に実感させることです。

　これらは、まさに、事業承継の3つのジャンルのうちの1つ「目に見えにくい経営資源」に他なりません。承継想定者に、自社の「目に見えにくい経営資源」を明確に自覚させ、自信を持たせるのです。そしてそのためには、まずは現経営者が自社の「目に見えにくい経営資源」を自覚することが重要となります（**図表2-8参照**）。

図表2-8 承継想定者が決意できない代表例

- 自信が持てない
- 期待を持てない
- 魅力を感じない
- やりたいことが他にある

会社の魅力や将来性を実感させる

目に見えにくい経営資源

Q2-8 会社の魅力や将来性を実感させる

後継者の選定のために、会社の魅力や将来性を承継想定者に伝え実感させるには、どうすればよいですか。

A ずばり、現経営者であるあなたが、心から「会社の魅力や将来性」を実感し、ワクワクすることです。そのために、自社の強み・自社の存在価値をご自身で実感してください。

解説

現経営者が「会社の魅力や将来性」を感じられていないのに、後継者には感じてほしいというのは虫のよい話ですよね。まずは現経営者が「会社の魅力や将来性」(目に見えにくい経営資源)を実感することが大事です。

ですから、後継者選抜で最初にやるべきことは、承継想定者が、自信を持って継いでいけるよう、引き受けられるようにしていくことです。

そのためには、
- ステップ１：自社の強みを明らかにする
- ステップ２：自社の価値を明らかにする
- ステップ３：承継想定者に自社の魅力・将来性を感じさせる

といった３ステップを踏む必要があります。

1 ステップ１：自社の強みを明らかにする

Q2-3「目に見えにくい経営資源(自社の強み)の承継方法」でもご紹介したとおり、掘り下げるには**図表2-3**のような切り口で行ってみてください。

それぞれの掘り下げ方は、Q2-4「目に見えにくい経営資源(自社の強

み）の洗い出し方」をご参照ください。

2 ステップ2：自社の価値を明らかにする

　自社の社会的価値を明らかにしていくことが、第2ステップとなります。よく、自社の価値をなかなか見つけられず難儀している経営者を見かけますが、「顧客、取引先に対して何かしらの価値を提供しているからこそ、売上・利益が上がっている」ということを信じて、自社の価値を明らかにすることに取り組んでみてください。

　ここで、自社の定義づけをするえうえでの切り口は、
- 「だれに」対して
- 「どのような価値」を提供しているのか？

という2つがポイントです。

　よって、明らかにするためのステップも、次のようになります。
① 　自社の仕事関係を見える化（だれに）
② 　周囲からの期待、自社の提供価値を明確にする（提供価値）
③ 　上記①および②を基にして、自社の存在価値を言語化してみる

3 ステップ3：承継想定者に自社の魅力・将来性を感じさせる

　上記ステップ1、ステップ2で明確になってきた、自社の魅力を承継想定者に伝え将来性を感じてもらいます。

Q2-9 自社の価値を明らかにする

後継者の選定に際して、自社の存在価値、意義を明確にするために、具体的にはどのように進めればよいですか。

 自社が現在、だれに（対象顧客）どのような価値を提供しているのかを言語化できるよう、順を追ってはっきりさせてください。

解説

自社の存在価値、意義を明確にするためには、
- 自社の仕事関係を見える化（だれに）
- 周囲からの期待、自社の提供価値を明確にする（提供価値）
- 上記2つを基にして、自社の存在価値を言語化してみる

という各ステップを、次のように進めていくとうまくいきます。

1 自社の仕事関係を見える化（だれに）

図表2-9のように自社を中心にして、仕事上で関係のある人・会社を周囲に書いてみます。これにより、自社がどのような会社などと取引をしているのかを見える化します。そしてその人・会社との関係（情報の流れやコミュニケーション内容など）を矢印で示します。自社以外の人・組織同士の関係も、同様に記入してください。

なお、矢印の種類はメンバー間のつながりの強弱に応じて、例を参考にして表現してみてください。

2 周囲からの期待、自社の提供価値を明確にする（提供価値）

上記①で書いたマップに「こちらから相手に貢献している（したい）こ

図表2-9　自社の仕事関係図例

弱い（点線）◀┄┄┄┄▶　　平均（実戦）◀────▶　　強い（二重線）◀════▶
対立がある場合は線上に二重斜線を入れる ◀─//─▶

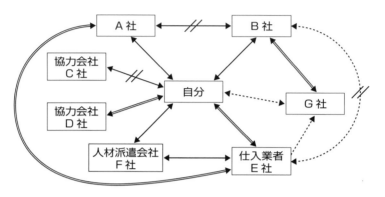

図表2-10　自社の提供価値図例

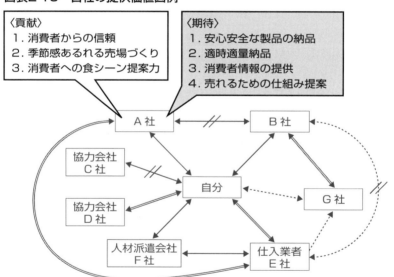

と」「相手がこちらに期待していると思われること」を書き加えてみてください（**図表2-10**参照）。

3 自社の存在価値・意義を言語化してみる

　上記1と2で明らかになってきたものを基に、存在価値を言語化してみるステップです。存在価値に含まれる要素として、次のようなものがあります。

- 何を武器に
- だれに
- どのような価値を提供して
- 何を実現するための組織なのか？

「だれに」と「どのような価値を提供して」とは、今回の見える化で明確になります。「何を武器に」と「何を実現するための組織か」は、それぞれ「強み」と「ビジョン」です。

　これらはQ2-4、Q2-5、Q2-6で明確にする進め方を説明しています。こちらをご参照ください。

　存在価値を、多くの会社では「経営理念」と呼んでいます。「われわれの会社は何のために存在するのか？」といったものです。

　どのような経営理念を会社は掲げているのか、というと、**図表2-11**のようなものがあります。

　存在意義を明確化することで、承継想定者に、自社の魅力・将来性を感じさせられるということを目指すのですが、他にも以下のような効能があります。

- 今後の自社の方向性がわかりやすくなる
- 現行の社員にとっても、自分たちの仕事・会社に誇りが持て、モチベーションアップや帰属意識向上につながる

図表2-11 経営理念の好例

リンクアンドモチベーション	当社の基幹技術「モチベーションエンジニアリング」によって、社員のやる気を成長エンジンとするモチベーションカンパニー創りに貢献してきました。モチベーションの観点から企業の組織診断を行い、その症状に応じてコンサルティングやパッケージなどのソリューションを提供する
一休	インターネットに新しい風を。世の中に大きなインパクトを。そして、人々の心にうるおいを。株式会社一休は、現状に満足することなく、常に社会に役立つ新しい価値を創造し続けます
エイチ・アイ・エス	ツーリズムを通じて、世界の人々の見識を高め、国籍、人種、文化、宗教などを超え、世界平和・相互理解の促進に貢献する

Q2-10 承継想定者に自社の魅力・将来性を感じさせる

後継者の選定に際して、承継想定者に自社の魅力・将来性を感じさせるために、具体的にはどのように進めればよいですか。

A 「自社の魅力・将来性を、社長が考えて承継想定者に伝える」、「社長と承継想定者とで考える」、「社長と承継想定者だけでなく社員も巻き込んで考える」の3通りがあります。

解説

1 自社の魅力・将来性を感じさせる方法

承継想定者に自社の魅力・将来性を感じさせるためには、3つの進め方があります。

① 社長自らが考えて、承継想定者に伝える……面倒と手間は最小限ですむ
② 社長と承継想定者とで考え、2人で合意できるものを創る……承継想定者が自ら考えるため、納得感も高まる
③ 社長、承継想定者だけでなく、社員も含めみんなで考え、社員も含めて合意できるものを創る……承継想定者と社員との一体感も醸成

2 長期的視点からみて最も有効な方法

上記をご覧いただければ一目瞭然だと思いますが、①よりも②のほうが、承継想定者の納得が得られるため、承継想定者に自信と勇気を与えられます。やはり自分自身で考え見つけた場合のほうが、心から納得できるものです。

図表2-12

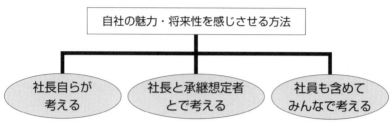

　さらに言うのならば、承継後共に働き、承継者の支えになりえる社員とともに合意できたのであれば、これほど承継想定者からすると力強いものはありません。

③ 最も有効となる理由

　可能であれば、社員も巻き込んでの強みおよび社会的価値の定義に取り組むことをおすすめしたいと思います。自社の強みや（社会的）価値を自覚することで、承継想定者・社員共に自社に誇りを持ってもらい、かつ将来性にも気づいてもらうことで、承継想定者に自信・勇気をつけさせようとするためです。

　そしてそのことを通して、みんなで目指す姿が共有され、会社のメンバーが一丸となって、業績向上・成長に向けて取り組んでいく組織づくりにもなる、言わば、事業承継だけに留まらず、業績向上の土台づくりにもなり得るステップとなります（**図表2-12**参照）。

第3節 後継者の教育

Q2-11 後継者教育の必要性

後継者を選定した後に、教育するのはなぜ必要なのでしょうか。

　承継後に後継者が直面する経営問題を乗り越え、経営を順調にしていけるようにするためです。

解説

1 必要な理由

「息子は息子なりに考えて、やっていくだろう」といった具合に、子どもの自主性に任せようと考え、あまり後継者育成をせずに承継しようと考える経営者をよく見かけます。確かに、環境の変化が激しい中、昔の成功例が役立たなくなってきていることからも、一見正しい考えのようにも見えます。

しかしながら、それでは引き継ぐ子どもがかわいそうですし、きちんと教育されていない後継者についていかなければいけない社員もかわいそうです。

2 後継者が苦労するポイント

実際に、事業承継をした方からのアンケートを見ると、事業を引き継い

図表2-13

だ後に苦労したポイントは、「経営力の発揮」がトップになっています。

「社長になったはよいものの、どのように経営をしていけばいいのか？」に悩む方が多いということです。

経営力の発揮には、資金繰り、投資判断、顧客や取引先との各種交渉、雇用・労働問題などさまざまな局面における、いわば「経営判断・意思決定」や、社内・社外との良好な関係を築き継続していくための「コミュニケーション力の発揮」などが挙げられます。

それらは「経営判断・意思決定」は社長になった途端に求められますし、副社長など他の役員と違い、最後の砦ともいえるため、最終判断を迫られます。これらをまったく予備知識・事前経験なしにさせるのは酷とも言えます。承継前に、それら経営判断・意思決定に備え、教育をしていく必要がここにあります。

また、教育すべきことは、「経営判断・意思決定」のノウハウや「コミュニケーション力の発揮」だけではありません。会社の歴史、理念などの教育は、会社風土をしっかりと継いで顧客に愛され続けるようにしていくために必要です。

これらをしっかりと後継者に教育し、会社が継続して存続させていく、これが後継者育成の目的です（**図表2-13**参照）。

Q2-12 後継者育成にかかる期間

後継者選定後に、一人前になるように教育するにはどれくらいの期間がかかりますか。

 最低でも3年、平均すると5年程度はかかると言われています。

解説

1 育成にかかる期間

　後継者教育には最低3年はかかると言われています。

　また、親族内承継・親族外承継にかかわらず、親族内での納得感醸成の期間も含めると、少なくとも引継ぎの5年前からは検討を始めていくことを考えておきたいところです。

　単純に教えるだけならば、3年もかからないのではないかと感じるかもしれません。確かに伝えるだけでしたら1年もあればできるでしょう。しかし、ここでいう教育とは、「一人前にする」ということです。

2 育成に3年以上かかる理由

　会社が生き残っていくためには、お客様や取引先や地域、従業員などからの信頼・信用が最も重要だと多くの社長が口をそろえて言います。

　それを必要最低限のレベルまで引き上げることが、後継者教育では重要となります。そのためには経営判断・意思決定の経験を踏ませること、社内外の関係者との関係を創り上げていくこと、それらに3～5年はかかると思ってください（**図表2-14**参照）。

図表2-14

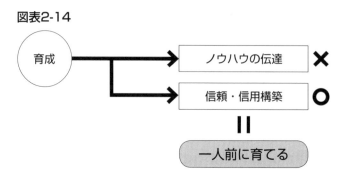

Q2-13 後継者育成での留意点

後継者の育成をするうえで、知っておくべきことは何ですか。

後継者の能力を最大限に引き出すために、後継者のキャラクターや価値観・仕事観に合ったリーダーシップスタイル、周囲とのコミュニケーションスタイルを見つけることが重要です。

解説

1 創業者にみられるリーダーシップスタイル

　創業期は、ワンマン経営が必要な時代です。しかしながら、事業が成長し、社員数が50人を超えるようになったとき、あるいは世代交代の時期になったとき、ワンマン経営は問題を起こし始めます。ワンマン社長の決断が現場の感覚とかけ離れてしまう問題や、後継者が一向に育っていないという問題です。

　このような場合、次の世代も同じワンマン経営の形を取るのか、それとも、後継者を中心とする経営チームをつくって、後継者はチームを動かすリーダーとして経営していくのかを見定める必要があります。創業者は、自身の強い渇望をもち、社を立ち上げ、黎明期の荒波の中でも、渇望や志を手放さず、やり遂げていくほどの強いパッションを持っています。逆にそうでなければ、立ち上げ期の荒波に呑み込まれて、挫折してしまうでしょう。

　このように、創業者がこだわり、大切にし続けてきた渇望は、理念として息づくことが多いでしょう。結果、創業者は総じてアントレプレナーシップ（起業家精神）があり、先頭に立ち、自ら率先垂範し、その背中で人

の心を動かし、周囲を鼓舞し、社をまとめていくというリーダーシップスタイルを取る方が多いものです。

2 後継者のリーダーシップスタイル

しかし、だれもがそのリーダーシップスタイルを取れるわけではなく、当然、創業者の子息だと言っても、親と同じ気質を持っているとは限りません。

1人1人には得手不得手があります。創業者と同じようなリーダーシップスタイルを何が何でも発揮しろと言うことは、土台無茶な話でもあります。

実際のところ、創業社長は社内でだれよりも事業、製品・サービスに想いが深く、愛情を持ち、経験も多いので、トップの強いリーダーシップが機能しやすいもの事実です。一方、後継社長は自分よりも事業、製品・サービスに対して経験がある（もしかすると想いや愛情も勝っている）部下を持つことになる可能性が高く、その点からしてもトップの強いリーダーシップが機能しにくい状態と言えます。加えて、例え理念に共感したとは言え、自分の中から湧きだした渇望ではないため、創業者と同等のリーダーシップを発揮することはなかなか期待できないでしょう。

ですので、創業者のリーダーシップスタイルに固執せず、後継者のタイプに合った、リーダーシップスタイルを見つけ、伸ばしていくように支援していくことが実は非常に大事となります。

また、自分のキャラクターや価値観に合わないリーダーシップを発揮することは、まず本人にとってストレスフルでもあります。そしてそのキャラクターや価値観とリーダーシップスタイルのズレは、周囲にはちぐはぐ感を与え、戸惑いや相手への不信へとつながり、結果として周囲の心を動かせないということにもなりがちです（**図表2-15**参照）。

図表2-15

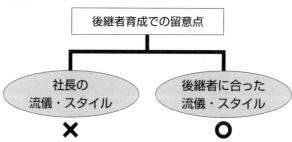

第4節 後継者のリーダーシップ開発

Q2-14 後継者のリーダーシップスタイルの見つけ方

後継者のリーダーシップスタイルを見つけるには、どうすればよいですか。

 後継者のキャラクターや価値観を明らかにすることが、はじめの一歩です。

解説

「リーダーシップ」というと、先頭を切ってみんなを引っ張っていくというスタイルを思い浮かべる方が多いかもしれません。しかし最近ではそういった画一的なタイプだけでなく、周囲が活躍しやすいように土台づくりや後方支援をしていく「サーバントリーダーシップ」といったタイプのリーダーシップも注目を浴びています。

会社経営の場合でいうと、前者は何から何まで社長が決め、決めたことを部下たちに指示するというスタイルである一方、後者は社員たちが自主的に考え、行動できるように支援をし、社員から上がってきた意見や提案に対して、必要に応じて会社という立場として意思決定をするといったスタイルと言えます。

どのようなスタイルが後継者のキャラクターや価値観に合致しやすいかを見つけるには、さまざまな方法が考えられます。ここで言う「価値観」とは、物事を評価したり、行動を決定する際に基準とするものであり、何

を優先するかという優先順位のことです。

ここでは2種類の見つけ方を紹介します。

1 後継者自身の価値観を明確にする

まずは、後継者自身の価値観を明確にすることから、価値観に合ったリーダーシップスタイルを見つけるという方法です。

価値観を洗い出すために、まず後継者の方には、自分がこれまでの人生でこの上なく充実していたときや、深い満足感を感じていたときのことを思い出していただきます。これがなぜ価値観につながるかというと、このようなときは、その人の価値観が満たされているときであることが大半だからです。そしてさらに、どのような価値観が満たされているのかを掘り下げていきます。

価値観は無限にありますが、ヒトとの関わり合い方や集団での行動特性などに価値観の違いが出る場合があります。例えば、「成功、成果、冒険、率先」といったものを大切にしたい人と「協力、協調、支援、チーム、貢献」といったものを大切にしたい人といった具合です。

このような場合、組織や集団への関わり方に違いも出てくるでしょうし、それぞれの価値観にあったリーダーシップを取った方が、ご自身もやりがいを感じるでしょう。

2 タイプ論を活用したタイプ分けを手がかりとする

そして、もう1つは、1人1人の特徴を、さまざまなタイプ論を活用したタイプ分けで手がかりを見つけていくという方法です。

ここでは、タイプ分けの方法の一例をご紹介します（**図表2-16**参照）。

この他にも多数のタイプ分けというものがありますが、どれもが、唯一無二のモノではなく、特徴をみつける単なる手がかりとして使うことをおすすめします。

図表2-16 タイプ分け論の一例

MBTI (Myers-Briggs Type Indicator)	ユングの心理学的類型論（Psychological Types）をもとに、1962年に米国のブリックスとマイヤーズによって研究開発された、人と人との違いを知ってお互いに尊重しあうことを目的につくられた、類型論に基づいた、自己理解メソッド。
エニアグラム	ギリシャ語で「9の図」という意味の幾何学図形であり、この図形をシンボルとして発展した性格タイプ論。9つの性格タイプごとの世界観や動機、特性などについて、理解を可能にし、習慣的思考・感情・行動パターンについて、タイプごとにきわめて具体的に示してくれる。

第4節　後継者のリーダーシップ開発

Q2-15　後継者のやる気を引き出す

後継者のやる気を引き出すための大切なポイントとは、何ですか。

　後継者の「したい（価値観が満たされること、モチベーションが上がること）」、「できる（得意なこと）」を見極め、それらを活かした経営・社長業を目指すように支援してください。

解説

　後継者育成に成功するためにはいくつかのポイントがあることが知られています。事業承継に成功する社長の例をご紹介します。
- 後継者を褒めて自信とやる気を引き出す
- 期限を区切って「社長の帝王学」を伝えきっている
- 継いだ後に、求められれば相談に乗るが、自分からは出て行かない

　いわば、やる気を引き出し、期間を区切って経営として理解し身につけておく必要があるものを伝えておく、ということです。
　では、「どのように後継者のやる気を引き出すのか？」ということを考えるうえで参考となるモデルをご紹介します。

1　後継者のやる気を引き出す「すべき」「したい」「できる」モデル

　図表2-17をご参照ください。
　このモデルは、「すべき」ことと「できる」ことと「したい」ことが重なることをしているときに、人はもっともモチベーションが上がるという考え方を示したものです。
　「すべき」とは、役割、求められている仕事などのことを指しています。

図表2-17 やる気を引き出す「すべき」「したい」「できる」モデル

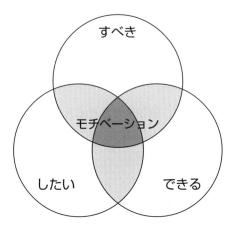

「できる」とは、自分が得意なこと、経験していること、自分の特徴、能力、キャラクターを活かすことなどを指しています。

「したい」とは、自分が望むこと、個人ビジョン、ライフビジョン、嗜好、信念、志などを指します。

仮に、まだ経験をしたことがない会社経営というものを、長男だからやることを義務づけされた場合を想定してみましょう。

この場合、会社経営というのは、親から求められた仕事ですので、「すべき」ことです。

ただし、経験したことがないので「できる」ことではないですし、いまひとつ気乗りがしない場合であれば「したい」ことでもないでしょう。

そうすると、ただでさえ気乗りしないのですから、やる気は出ないでしょうしそのような状態でやっても、本来の能力は出し切られないでしょう。

だからといって、自分が得意なこと（できる）で楽しいこと（したい）であっても、だれからも期待されていないこと（「すべき」ことではない）の場合も、これまた寂しいものです。結果、楽しい気持ちもそのうちにし

ぽんでしまいかねません。

人はやはり、自分の能力（できる）を使って、自分自身も楽しみ（したい）ながら、だれかの役に立ちたい（すべき）ものです。

2 「すべき」「したい」「できる」の合致

ですから、この３つ共に当てはまることを見つけましょう、ということになります。

「好きこそものの上手なれ」という言葉もあるように、人は自分の能力を活かし（できる）、自分が楽しんでやれること（したい）をやるときに、一番ポテンシャルが上がるものです。

ここで注意いただきたいのは、何も、後継者の「したい」「できる」に合わせた新事業を立ち上げましょうというのではないということです。

ここで大事なポイントは自分の「できること（得意、能力）」と「したいこと（価値観）」を活かして、会社経営（すべき）でいかに成果を上げていくか、を考えること。もしくは「できること」と「したいこと」を会社経営でどのようにすれば活かせるか、を考えることです。「すべき」「できる」「したい」の合致するところで、自分なりのマネジメント、リーダーシップ、事業ビジョンを創らせるようにすることも有効です。

3 「すべき」の伝達

後継者には「すべき」会社経営を具体的に伝達する必要があります。この中には、期待する役割、使命・ミッション、成果などが含まれます。

- なぜ後継者として選んだのか？
- どのような強みや素晴らしさを見込んでの選抜なのか？
- どのような期待を持っているのか？
- どのような可能性を秘めていると思うのか？

を伝えることは特に重要となります。

図表2-18 「できる」「したい」の明確化ポイント

できる	・何ができるのか？ ・今後、何ができると思うか？
したい	・何がしたいのか？ ・何を大切にしているのか？

　これを伝えないばかりに、後継者自身が不安になったり、損な役回りを押しつけられたと決めつけ、モチベーションを下げていく例をよく見かけます。後継者を励まし、後押しするような話をすることが重要です。

　「他に適任者がいなかったから」、「そういう決まりだから」などという理由は最悪です。万一、見つからないとすれば、それは経営者としての怠慢と言われても仕方ないでしょう。是が非でも見つけてください。

④ 「できる」「したい」の明確化

　そのうえで、後継者の「できる（強み、キャラクター、経験、可能性）」を洗い出していくとよいでしょう。ここで役立つのが前述したさまざまなタイプ分けです。気に入ったものを試してみてください。

　そして最後が後継者本人の「したい」の明確化です。

　後継者本人の価値観や、信念、志を尊重し活かしたリーダーシップなり、マネージメントを実践できるように能力開発をしていくとよいです。

　「できる」「したい」は**図表2-18**のような4点で明確にしてみましょう。

Q2-16 後継者育成の進め方

後継者育成は、どのように進めればよいのでしょうか。

 育成で身につけた能力を活かす場面の提供、後継者の成長度に合わせた教育を心がけてください。

解説

　人材育成のときに、弱みを克服しようとする手法がありますが、多くの場合、育成される本人の抵抗にあったり、長続きしなかったり、やる気を失ったりします。

　ここで重要なことは、後継者本人の強みを活かしたリーダーシップ開発、経営力開発をするということです。

　最近は、このような手法を「タレント・マネジメント」と呼んで、多くの企業の人材開発手法として取り入れられています。

　これは、本人の強み、能力、価値観を活かした、リーダーシップ開発、マネジメント力開発、サポートチームの組閣、新規事業の立ち上げを進めていくというものですが、後継者育成でもその手法が有効です。

1 育成で身につけた能力を活かす場面の提供

　後継育成には、「社内での教育」「社外での教育」という手法がありますが、双方を織り交ぜて行われることが多く見られます。

　どれが正解というものはありませんが、どの手法を用いようとも、一番大切なことは、「能力開発」「能力活用」「能力評価」「処遇」という人事システム4要素のうち、「能力活用」をしっかりと現場でさせるかどうかです。例えば、新規事業や、全社プロジェクトを1つ任せてみるというもの

がそれにあたります。そこでのリーダーシップ経験を通して、教育・育成していくのが目的となります。

後継者本人にとっては仮想経営体験になります。その他、資金融資を受けるときに調印をさせるなどして、小さい規模で構わないので経営者が外部から迫られる覚悟をさせていくのも有効となります。

また、経営者であれば常に求められる「社員に向けて意思を伝えていく」という経験をさせていくのも有効です。
- どのようにすれば想いは伝わるのか？
- どのようにすれば人は動くのか？

などについて、失敗したとしてもそこから学べるよう、実践しながら学習していく体験もさせるとよいでしょう。

2 後継者の成長度に合わせた教育方法

Q2-13で、後継者教育には3～5年がかかると述べましたが、教育のし始めの頃と、承継間際の頃とでは、教育方法も変わっていって当然です。

いわば、後継者の習熟度に合わせた教育が必要でしょう。

例えば、
- 成熟度が低い→教示的（部下の役割と職務を明確にし、細かく監督する）
- 成熟度がやや低い→説得的（指示はこちらが与えるが、部下の意見も聞く）
- 成熟度がやや高い→協働的（日常の意思決定は部下に任せるが、管理は一緒に行う）
- 成熟度が高い→委任的（管理は一緒に行うが、こちらが関与するタイミングは部下に決めさせる）

といった具合です。

これを後継者のステージごとの教育に置き換えてみると、導入期は教示的に進め、後継者の習熟度が増すに従って、「説得的→参加的→委譲的」へと現経営者のかかわり方を変えていくということになります。これを実

図表2-19　後継者育成の進め方

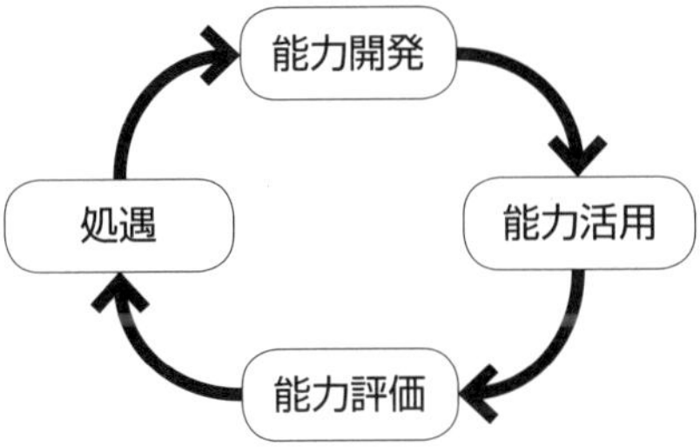

能力開発 → 能力活用 → 能力評価 → 処遇 →（能力開発へ戻る）

図表2-20　教育のステップ

教示 → 説得 → 協働 → 委譲

践するには、後継者の状況、習熟度合いをよく見極めることが必要となります。

　なお、「委譲」は決して「放任」とは違うということも、覚えておいてください。

　任せたままにするのではなく、常に気にしてあげる、時折認知をしてあげるとよいでしょう。ちなみに「認知」とは、単なる褒めるとは違い、日頃の行動を気にかけておき、その事実を伝えてあげるものです。このことを通して、「現経営者がどれだけ後継者を気にかけているか？」の表現にもなり、後継者を勇気づけ、自信を与えることにもなります（**図表2-19、図表2-20参照**）。

Q2-17 後継者に伝承すべきこと

事業承継において、経営者から後継者に伝承すべきこととは何ですか。

A 「経営者としての心構え」、「人の動かし方」、「会社の現状（強み・弱み・機会・脅威）」、「人の見分け方」、「人脈について」、「お金の使い方」、「失敗談」などを伝承してください。

解説

社内でしか教えられない・伝えられない、もしくは社内で教えておきたいことがあります。

承継に成功する社長の例の１つに、「期限を区切って『社長の帝王学』を伝えきっている」というものがあります。

具体的には「経営者としての心構え」、「人の動かし方」、「変革の進め方」、「金融機関との付き合い方」などがそれです。具体的にどのようなことを伝えることが必要なのかをここではご紹介します。

1 経営者としての心構え（高い意志と使命感）

経営者に求められるリーダーシップスキルとは、
① 「強い意志」をもち、周囲を巻き込みながらあきらめずに「行動」を起こす
② そして、その結果や、現状を他人や環境の責任に転嫁する前に、自己を謙虚に、物事を大局から「内省」し、成果を出すための行動を「習慣」にしていく

というサイクルを回すことです（**図表2-21**参照）。

そのためには、創業理念、創業ストーリー、企業としての社会での存在

図表2-21　経営者のリーダーシップサイクル

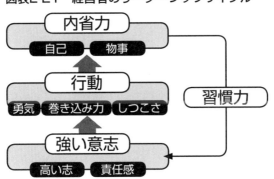

意義、経営者としての「社に対する想い」、「社員に対する想い」、「お客様への想い」、「取引先への想い」、「地域社会に対する想い」、「先祖に対する想い」を対面にて伝えることが、後継者の本気度を高めます。

2 ヒトの動かし方（巻き込み力）

経営者としては、周囲の心を動かし、巻き込んでいく力が必須です。そのためには伝える本人の本気度が成否を分けます。それに加えて、

- どのように伝えていくことが、伝える相手に届きやすいか、心をつかみやすいか
- 後継者として自分のキャラを出す場合の順番

ということも知っておく必要があります。

では、どのように伝えていくことが、伝える相手に届きやすいか、心をつかみやすいか、というと、物事を伝える場合、**図表2-22**のような順番で話すと、伝わりやすいと言います。

3 これまで続けてきたことを変えるときの心づもり

事業承継をすると、自分の存在意義や自分なりのキャラを発揮しようとあせるあまり、

図表2-22　物事の伝達プロセス

【 M（Me） → W（We） → N（Now） 】

Me …… 伝える本人はどのように思っているか？　自分の体験談など
We …… 伝える相手も含めたわれわれはどのようになっていきたいのか？　われわれは何を目指したいのか？
Now … 目指す姿に対して、いまこのときから何を始めていくことを提案したいのか？

- 継いだ途端に新規事業をドンドン立ち上げる
- 父親である先代社長と競い、越えようとあがく
- 地道にコツコツと積み上げていくことができない
- 早く実績を上げようと焦って行動に出る
- 会社規模を先代以上に大きくしようとする

などといった行動を起こすことで失敗する後継者の方も少なからずいます。

　多くの場合、後継者が自分の存在価値に自信を持てず、それを何とか手に入れようとしてしまうという内情があるようです。

　しかしながら、いきなりこれまでのやり方を変えようとすると、社内でのいらぬ軋轢を生み、業績に悪影響を与えかねません。自分なりのキャラを発揮するにせよ、いきなり独自性を出そうとせず、段階を踏んでいくことが大切です。

　まず基本的に、自分や自分たちのこれまでの実績や取組みを否定されて喜ぶ人はほぼいません。社長交代して、これまでのやり方を変えると言うことは、社員に対してこれと同じインパクトと隠れたメッセージを与えてしまいます。結果として社員からすると、いきなり自分たちにダメ出しをしてきていると思われ、抵抗してくるのです。

　ですので、いきなりダメなところを指摘するのではなく、これまでのや

り方やプロセスなどに対しては、それぞれ1つ1つを「メリット&デメリット」、「得てきたこと&失ってきたこと」、「うまくいっていること&困難となっていること」といったように、双方の視点から検証することが大事なポイントです。

いまでは陳腐化しているように思われるやり方でも、そのやり方を続けてきたことには必ず理由があります。社内的の作業は不便でも、顧客のニーズに合わせるためにはやむを得なかったり、始めた当初は赤字を回避するにはやむを得なかったり。

それをしっかりと洗い出したうえでの見直しが、社員の心情への配慮としても、冷静な判断をするためにも、必要なのです。

そうしたうえで、次の3段階で変化を進めていきます。
- 第1段階：続けていくべきこと、維持すべきことを見つける→歴史や成果への敬意
- 第2段階：変えるべきことを見つける
- 第3段階：止めるべきことを特定する

第 2 章 "ヒト"を円満に引き継ぐ

Q2-18 後継者への社外での教育

事業承継において、後継者に学ばせるべきこと（社外での教育）とは何ですか。

 金銭・数値に対する感覚、論理的思考、およびマネジメント知識を学ぶ機会を提供してください。

解説

　社外での経営塾や書籍などで学ばせておくと有効なものもあります。それが、マネジメント知識や論理的なものの考え方（ロジカルシンキング）などです。

　マネジメント知識は幅広いものですが、例えば「マーケティング」、「財務会計」、「管理会計」、「オペレーション・マネジメント」、「経営戦略」、「人材マネジメント」、「組織行動学」などがそれです。

　これらの多くは、金融機関や自治体などで開催する次世代経営者を対象とする「経営塾」などで学べるものです。

　これら勉強会は、後継者にとって他社・異業種の同じ立場にいる人との交流にもあり、刺激にもなりますので積極的に活用してみるとよいかと思います。

１ 金銭・数値に対する感覚

　マネジメント知識として財務会計や管理会計とお伝えしたため、身につけるべきは会計の知識と考え、簿記の勉強を始めようとしたり、会計の本を読むといったことを思い浮かべがちですが、経営者にとっては一概にそれらが必要とは言えません。

なぜなら、会社の数字が正確に読めることと、正しい経営判断ができることとは一緒ではなく、なおかつヘタに正確に読めすぎると、「木を見て森を見ず」という喩えのように、細部にばかり気を取られすぎて大局を見誤ってしまう可能性があるからです。

　経営者として身につけておきたいこと（後継者に学ばせておきたいこと）は、「お金の流れ」を知り、「どのように儲けが生まれるのか？」、「いかに利益を上げられるのか？」といった「儲けの仕組み」を知ることです。

　このことにより、数字に対する判断基準を持つことが一番重要となります。

　このことで、今の自社の状況・立ち位置がわかり、会社の利益を食いつぶすような過剰な借金や、粗利を生まない無駄な投資など、会社を倒産に追い込む原因を生まないようになることが一番の効能です。

2 論理的な考え方（ロジカルシンキング）

　これは、決断を迫られたときなどに、目の前に起きている事象を、
- 論理的に個別要素に分解する
- 分解した個別要素間の関係などを理解する
- 個別要素を積み上げて統合する

などして、意志決定をする力とも言えます。

　勘や経験などだけに頼らず、客観的な視点から意志決定をするために役立つ能力とも言えます（**図表2-23**参照）。

図表2-23

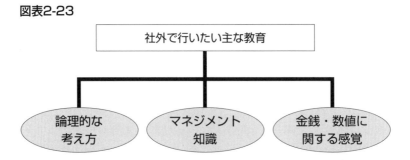

第5節 人間関係の承継

Q2-19 人間関係の承継の重要性

「人間関係」の承継は、なぜ重要なのでしょうか。

A 後継者が承継後に孤立することなく、事業をしっかりと運営していけるようにするためには、従業員や取引先との信頼関係が大きな支えとなるからです。

解説

1 事業承継の目的

そもそも、「事業承継はなぜ行うのか？」と問われますと、当たり前のことだと怒られるかも知れませんが、会社を永続的に発展させていくため、会社を存続させていくために、次の代に引き継いでいくことです。ですから、引き継いで数年で倒産するような憂き目に遭わせてしまっては元も子もありません。

事業承継は単なるバトンの受渡しではなく、バトンを受ける後継者をいかに育て、いかに選ぶか、バトンの受渡しを支える周りの体制をどう整えるか、バトンを渡した後の経営者が次に何をするのかといった総合的な課題を含むものです。

ですから、社長と後継者の2人だけで世代交代をすることはできず、経

営幹部、家族一族など多くの関係者の協力が必要となるのです。

2 会社の永続に必要なコト

では、会社が永続していくためには、何が必要なのでしょうか。当然、資産・財産がしっかりと守られ、引き継がれていくことも重要ですが、その前に事業が継続して成り立っていくことが重要です。事業が成り立たずに永続することはあり得ません。

そこから考えますと、どのように、事業承継をしてからも事業が成り立ち続けるかを見越していくことが必要です。実際に、事業承継をされた経営者の方に、事業を引き継いだ後に苦労した点を調査したデータによると「経営力の発揮」、「金融機関からの借入れ」、「取引先との関係の維持」、「一般従業員の支持や理解」、「金融機関との関係の維持」などが挙げられています。

例えば、「金融機関からの借入れ」は正に信用力・信頼の問題であり、「取引先との関係」や「金融機関との関係」は信頼の問題ですが、どれも社長が交代した途端にリセットされてしまうおそれがあります。

一方で「経営力の発揮」は、資金繰り、投資判断、顧客や取引先との各種交渉、雇用・労働問題などさまざまな局面における、いわば「経営判断・意思決定」と、社内・社外との良好な関係を築き継続していくための「コミュニケーション力の発揮」がテーマと言えますが、社内のコミュニケーションというところに焦点を当ててみると、

- 先代社長や古参社員に、試されているような感じを受け、プレッシャーを感じる
- 先代からの期待と自分のアイデンティティとのズレ
- 古参社員や年上部下の取扱い

といったことに悩みを持つ後継者の方が特に多いようです。

第5節　人間関係の承継

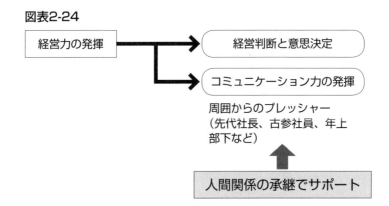

3 トップ交代を機に社内で起こりうること

　社内の人間関係はトップである社長が変わった途端に変わりがちです。
　ノウハウやスキルは多くが1人1人の社員に帰属するモノですから、その社員たちがトップである社長が交代した途端に、モチベーションがダウンし、持っている能力の半分しか発揮しなくなってしまうということも起こりうるのです。
　このような問題が山積し、重責がかかりがちな後継者を過度なプレッシャーにさらさず、後継者が遺憾なく力を発揮できるようにするには、後継者を支えていくための体制をつくることが重要となります。
　事業承継をしてからも事業が成り立ち続けるには、経営力を発揮するための、後継者の経営力育成だけでは足りず、
- 後継者を支えていくための人間関係（内部）の承継
- 後継者を支えていくための人間関係（外部）の承継

が重要なのです（**図表2-24**参照）。

69

Q2-20 人間関係と業績との関連

「人間関係」は、業績にどのように影響を与えるのでしょうか。

A 組織内の人間関係の善し悪しが、そこで働く社員のモチベーションに大きく影響を与え、結果として、従業員の能力の発揮度や生産性に大きく影響を与えていきます。

解説

人間関係が重要だと伝えますと、時に「人間関係は本当に業績に影響を与えるのか？」、「ビジネスなのだから、仲よしグループになどならなくてもよいのではないか？」と問われることがあります。

1 人間関係と業績との関連性モデル

そのような方のために、人間関係が業績に影響を与えると言うことを、マサチューセッツ工科大学（MIT）のキム教授が「組織の成長循環モデル」で提唱していますので紹介します。

これは組織が成果を上げたり、成功に向かって進んでいくために、重要視しなければならないポイントを示唆してくれるモデル（理論・考え方）です。

通常、組織として成果を出すためには、集団としての行動の質を上げようとします。例えば、営業組織などでは、顧客への訪問数や、訪問する際の提案の質を上げるなどの手立てが考えられます。

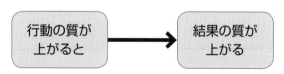

では、行動の質を上げるためにどうするかというと、研修をしたり、社内勉強会を実施するなどして、集団としての考え方・思考の質を上げようとするでしょう。

ここまで、多くの企業で行ってきたことでしょう。

しかし、どんなに研修会や学習会をしても、どうも成果につながらないこともあったのではないでしょうか。そこに1つの光を射しているのがこの理論の特徴でもあります。

実は、人の思考や気持ちに大きく影響を与えているのは、組織内の人間関係であり、そこの人間関係を改良しない限り、どんなに勉強会や研修を行っても、成果にはつながりにくいと、このモデルでは言っています。

そして、結果が上がると、人間関係がより一層よくなる、といった具合に回転していきます（**図表2-25参照**）。

2 関係の質の承継

ここで言う、関係の質を上げていくことこそが、会社の成長・継続には重要であり、事業承継においては、後継者を支えていくものになります。

そしてもちろんのことですが、人間関係の質を上げるというのは、何も仲よしグループになることとは一致しません。事業承継で目指す人間関係は、仲良しチームではなく、お互いの強みや良さを認め合い、活かし合う人間関係です。

図表2-25　組織の成功循環モデル

結果の質も「自然と」向上する
- 売上アップ
- 成績アップ
- モチベーションアップ

関係の質が上がると…
- 信頼関係が構築される
- 腹を割った話し合いができる
- 相互尊重の姿勢が生まれる

行動の質も向上し…
- 楽しんで行動
- チャレンジングな行動
- 広い視野からの行動
- 協力的な行動

思考の質が上がり…
- アイデアが生まれる
- 広い視野から考えることができる
- 「この人のためなら」という気持ちになる

（出所）MIT教授ダニエル・キム氏提唱「組織の成功循環モデル」より

第5節 人間関係の承継

Q2-21 現経営者と後継者との人間関係づくり

現経営者と後継者との人間関係の質を高めるために、必要なこととは何でしょうか。

 現経営者と後継者とで、腹を割って経営について、将来について、相手に期待することなどを話し合う機会を持つことです。

解説

　後継者を支えていくための内部の人間関係として、第1に重要となるものが、現経営者と後継者との人間関係だといえます。

　ファミリービジネスの場合、多くが親子関係となりますが、これがことをより一層難しくさせます。親子関係に長年にわたり"しこり"などがあるとなおさらです。普段はなくても、意見の相違があった場合などに、その"しこり"が根底で影響を与えたりすることは少なくありません。

1 事例が示す現経営者と後継者との人間関係の重要性

　読者の皆さんは、「大塚家具」の騒動を覚えているでしょうか。創業社長で会長の父親と、社長であるその娘との間で、会社の方向性・戦略において真っ向から対峙し、マスコミで大きく取り上げられたあの出来事です。最終的には株主総会での評決に向けて、水面下での票集めに両者が奔走し、結果として社長の意見が選出されました。

　一見、終わりよければ何とやらで、終結したようにも思えますが、この騒動の影響は経営において少なくないのではないかと推察します。

　物事を楽観的に見れば、マスコミに取り上げられたということで、会社

自体が注目され、宣伝にもなったようにも思われます。しかしその反面、取引先の立場になって想像してみると、騒動を起こした会社に対する漠然とした不安感（例えば、この会社は一枚岩ではないだろうから、この先よからぬことが起きるのではないか、といったもの）などは生まれてきても不思議ではないでしょう。

そう考えますと、先代社長と後継社長との意見の違いがあからさまに外部に露呈することは、取引先や取引金融機関からの信用や信頼に悪影響を与えると言って過言ではありません。

もう一方、今回取り上げている騒動では、戦略や方向性においては、社員の間でも、会長の意見に賛同する人と社長の意見に賛同する人とに二分していたと報道されていました。

ここから推察するに、株主総会で決着はしているものの、社員の間ではまだまだ意見が二分して一枚岩になっていなくても不思議ではないと思われます。また、会長の意見に賛同していた社員からすると決着後の社長との間には、表面化はさせないものの、水面下では気持ちのうえでのわだかまりが残って不思議ではありません。

そのように考えますと、社員同士で意見が二分しており、ある一定数以上の社員の心の中に新体制の社長へのわだかまりが残っている状態とも言えます。これではよい業績を残し大きく成長していこうという方が無理な話とも言えます。

ですから、先代社長と後継社長だけでなく、社員同士や、後継社長と社員とが一致団結してないことは、会社の将来性をも脅かすものと言って過言ではありません。

② 現経営者と後継者とで話し合っておくべきことと話し合い方

承継後に前経営者と後継者との不仲が、社内をギクシャクさせる例をこれまでたくさん見てきました。経営方針などの意見の相違による不仲。社

員も巻き込んでの分裂騒ぎ。会長側と社長側とで社内が分裂。結果として、組織の一体感も薄れ、業績に多大なる悪影響を与えたりするものです。

残念ながらこの不仲は、社員では仲裁できません。しっかりと、2人の中で解決しておく必要があります。

そのためには、できることならば、お互いが何を大切にしてきたのか、していきたいのか、を共有することです。

例え後継者に任せるにしても、「これだけは変えてほしくない」をあらかじめ現経営者から後継者に伝えておくだけでもずいぶんと違います。この場合、変えてほしくない理由を話すことも重要です。多くの場合、変えてほしくないことは会社の歴史や事業でのさまざまな経緯に根づいている場合が多いでしょうから、会社の歴史をひも解く時間にもなります。

具体的な話し合いの進め方としては、
- 立ち話といったものではなく、話し合いの場をきちんと設ける
- 話し合いの全体像、意図、ゴールを明確にする
- 話し合いでのルール、創り出したいミーティングの文化、お互いにどのような貢献をするか、といったことを話を始める前に決めておく

とよいでしょう。

話し合いでのルールとしては、例えば、
- よく聞き、よく話す
- 話の腰を折らない、遮らない（トーキングスティック）
- 意見が異なる場合は、相手の意見の真意を聞き合う（真意を聞くと、理解できる場合が多い）
- 相手を尊重する（これまでの努力、想い、心意気、親切心）
- そのうえで、変えてほしいこと、意見が違うことを言う
- 意見が異なる所ばかりに注目するのではなく、異なりはするものの同じところや似通っているところはないか、に注目する（対立ばかりに

図表2-26

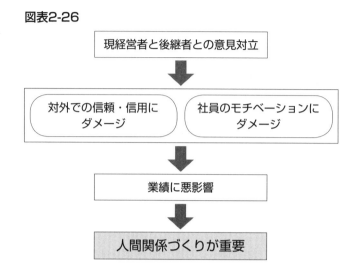

フォーカスしない)
といったものなどが、建設的な話し合いにするためには有効でしょう(**図表2-26**参照)。

第5節 人間関係の承継

Q2-22 後継者と従業員との人間関係づくり

次世代リーダーチームの組閣、古参社員と後継者および社員同士の人間関係づくりのポイントは、どのように進めるとよいでしょうか。

A 「お互いを知る」、「いまを明らかにする」、「われわれを見出す」、「将来像、戦略を立てる」、「具体的な実践計画を立てる」という5ステップを後継者と従業員とで一緒に考えて行ってください。

解説

後継者を支えていくための内部の人間関係として、現経営者と後継者の人間関係に次いで重要となるものが、取締役や古参社員との関係、そして社員同士の人間関係です。

これらは、承継するというよりも、後継者を中心として新たに人間関係を創り上げていくというイメージになるかと思います。そのための5つのステップをご紹介します。

1 後継者を支える人間関係づくり

後継者を支えていくための内部の人間関係づくりのステップは、**図表2-27**のとおりです。

この5つのステップを踏んでいくことで、後継者を中心として目指す目標に共感し、業績向上に向けて力を合わせる「燃える集団」を創り上げていくことができます。

図表2-27　後継者を中心とした燃える集団づくり

```
ステップ1：お互い（You）を知る
   ↓
ステップ2：いま（Now）を明らかにする
   ↓
ステップ3：われわれ（We）を見出す
   ↓
ステップ4：将来像、戦略を立てる
   ↓
ステップ5：具体的な実践計画を立てる
```

2 ステップ1：お互い（You）を知る

　職場ではとかく仕事の話しかせず、職場の仲間同士は相手の人となりにあまり関心を持たないという会社は非常に多いようです。実はそのことが多くの問題も引き起こします。職場で意見が異なるのは、実は仕事に関して大切にしていること、こだわり、価値観が異なっていることが大半です。

　例えば、一度決めたことは最後まで守り通し、やり通すということが大切な人と、状況や相手の反応に合わせて臨機応変に対応していくことを大切にしている人がいたとしましょう。何かしら問題にぶち当たったとき、臨機応変を大切にしたい後者の人は、これまでのやり方を見直すという提案をするかもしれませんが、前者の人はいきなり前例を無視することに腹をたてるかもしれません。

　こういったことで、意見がことごとく対立していったとしたら、「坊主憎けりゃ袈裟まで憎い」といった具合に、決定的な関係の溝がうまれてしまうでしょう。

　このようなことが起きないために、そして相手の「人となり」がわか

り、お互いに親近感を感じられるようにするためにまずは「強み」「こだわり、信条」を共有し合うことをしていきます。

　これをすることで、もしも意見が食い違っても、「なぜ相手はその意見にこだわるのか？」がわかるだけで、少しこちらとしても納得しやすくなったりするもので、むやみな衝突が減るでしょう。

　その１つの方法として、「お互いの人生曲線」を共有し合うというものをご紹介します。人生曲線とは、生まれてからこれまでの人生を振り返り、その時々に感じていた充実度をグラフの振れで表現するものです。

　ゼロ歳から現在まで、紙の真ん中に水平線を引き、その線の左端に垂直の線を引きます。水平線より上が「充実度がプラス」下が「充実度がマイナス」とします。

　そして、生まれていままでの経験、起きたことを思い出し、その時々の充実度を曲線として書いていきます。**図表2-28**に、筆者の人生曲線を載せますので、記入する際の参考にしてください。

　なお、後継者と従業員、従業員同士で共有するときには、以下のような手順で進めてください。

　①　個人で人生曲線を記入する……自分の人生を振り返り、その時々の充実度をグラフに書く

　②　４〜５人で共有……書いたものを基に、１人８〜10分で順番に自分のグラフを説明する→説明後に、聞いていたメンバーから感想を伝える

３　ステップ２：いま（Now）を明らかにする

　お互いの人となりを、何となくではあるものの知り合えた後、すぐにでも未来や今後の話をしたくなるかも知れませんが、時期尚早です。未来や今後の話をする前に、まずは「自分たちの会社に何が起きているのか？」を俯瞰し、その状況に対して自分たちがどのような影響を与えているかを

図表2-28　人生曲線の記入例

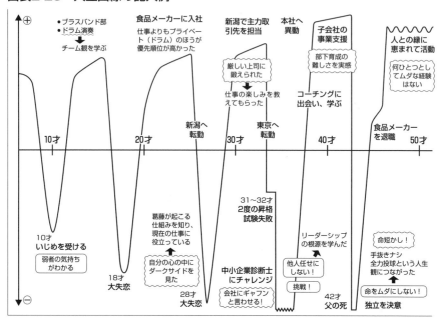

内省することで、「いま」を明確に認識します。

ここで話し合われることの一例としては、

- いま、当社を取り巻く環境（内部・外部）で、何が起こっているか？
- いま、自分たちが一番に取り組むべき問題・テーマは何か？
- 将来に向けて、当社はどのような「外部環境の追い風と向かい風」にさらされるか？

などがあります。

具体的な進め方例をご紹介します。

① 4～5人で1チームとなり、チームごとに1つのテーブルを囲む
② テーブルの上に模造紙を敷き、模造紙の真ん中に話し合うテーマを書く
③ 15分程度、チームでの対話の時間を持つ。このとき、話し合わせた

ことを模造紙に書き留める。時間ごとに、チームメンバー全員が必ず自分の意見を話すようにする
④　チームが複数ある場合は、チームごとのメンバーを入れ変えて③と同じことを繰り返す（メンバーを入れ替えて３～４回、同じことをやってもOK）
⑤　各チームの模造紙を壁に貼りだし、要点をチームごとに発表
⑥　気づいたことやわかったこと、学んだことを個人で考え、チーム、全体で共有

これらで後継者と従業員が、それぞれ現状をどのように認識しているか、を共有し合うことにもなります。

なお、ここでの対話を有効なものにするために、重要なポイントがあります。それが、「話し合いの仕方」です。

単純に、起きている事柄だけ、「考えていること」だけを、話し合ったとしても、通常の会議で話し合われる内容と変わらず、新たに得るものは少ないでしょう。実は、起きている事柄に対して、現状に対して参加者それぞれが「感じていること」「思っていること」を話し合うことが、実は新たなことを見つける機会となります。これには、「それぞれがどのような気持ちで仕事をしているのか？」もわかるという利点があります。

また、こうすることで、組織の構成員自身が自分たちの組織で起こっていることを俯瞰し、その状況に対して自分たちがどのような影響を与えているかを内省することにつながります。

ですから話し方・聞き方も、意図的に行っていく必要があります。

話し方・聞き方には、大きく分けて「対話」「議論」「会話」といった３種類ありますが、俯瞰と内省を起こすには、「対話」を意図的に織り交ぜていくことが有効です。

「対話」とは、だれの意見、どの意見が正しいといったことを決めるのではなく、お互いを理解するためにするものです。この対話を織り交ぜて

いくには、1つコツがあります。それが話し合いをするうえでのルール（グランドルール）をあらかじめ定め、参加者同士で合意しておくことです。

　これを定めておくのは、思っていること、感じていることを発言しやすいように、安心・安全な話し合いの場づくりをするためです。

　例えば、筆者は、
① 評価判断をせずに、まずは聞く
② 思っていること、感じていることを率直に話す
③ 全員が一言は発言する
④ みんな違ってみんなよい（多様性を尊重する）

といったことをグランドルールとして設定したりしています。

　また、新しいもの生み出すには、話し合いや考え方にも工夫が必要です。

　それは、「いろいろな考えや意見を出し、発想を広げる時間」と、「出てきた考えや意見の中から、有効なものや実現可能性の高いものを選択していくといった時間」とを分けるということです。前半を「拡散思考」、後半を「収束思考」と呼びます。

　特に前半の拡散思考がおざなりになることが多いのですが、ここでどれだけ拡散できるか否かで、これまでと大して変わらないところに落ち着くか、広い見地から新しく有効な案を見つけられるかの成否を分けます。この拡散思考をするために有効な手法を紹介します。

　それが「ブレーンストーミング」と呼ばれるものです。これは集団でアイデアを出し合うことによって相互交錯の連鎖反応や発想の誘発を期待する技法で、「判断・結論を出さない（結論厳禁）」、「粗野な考えを歓迎する（自由奔放）」、「量を重視する（質より量）」、「アイデアを結合し発展させる（結合改善）」という4原則を守ることとされています。

4 ステップ3：われわれ（We）を見出す

　これは、自分たち（会社）の存在価値をみつけるというものです。

図表2-29　われわれ（We）を見出す3ステップ

- その1：自社の強みを明らかにする
  ↓
- その2：自社の価値を明らかにする
  ↓
- その3：承継想定者に自社の魅力・将来性を感じさせる

　ステップ2で「いま（Now）を明らかに」して、それを認識したうえで先に進んでいくときに、メンバーが一体となって何を成し遂げていくのか、という「志」を見つけ、共有して行きます。このステップを通して「社長の会社」という意識から、「俺たち・私たちの○○（会社名）」「われらが□□（会社名）」といった意識を持ってもらうフェーズです。

　そのために、**図表2-29**の3ステップを踏む必要があります。

　それぞれの進め方は、Q2-9に記述してありますので、そちらをご参照ください。

5　ステップ4：将来像、戦略を立てる

　自分たちの存在意義は明確になったら、その存在意義を発揮し続け、将来的に（3年後、5年後、10年後）にどのような状態になっていくのか、ということに思いをめぐらせていきます。

　このステップでは、将来像から先は、より具体的な取組みの指針も考えて行きます。ここで考えていくものには、次のようなものが挙げられます。

- 将来像づくり（3年後、5年後、10年後）
- 事業の方向性
- 事業ごとの優先順位（既存事業、新規事業）
- 経営数値目標
- 人材育成指針

- 組織づくり指針

6 ステップ5：具体的な実践計画を立てる

　ステップ4で掲げた将来像や指針を具体化するための、行動実践計画を考えていきます。年度ごと・月次ごと・部署ごと・個人ごとにブレークダウンすることにより、社員1人1人が主体的に考えるようにでき、実現可能性も上がっていきます。

　また、「具体的な」というキーワードも非常に重要です。あいまいな行動計画、例えば「○○を気をつける」「△△をしっかりとがんばる」というのは、計画を立てたはよいが、一切手をつけずに終わるということが容易に想像できます。

　具体的に、いつから、何をどのようにしていくのか、がわかるような行動計画にしない限り、行動を起こせませんし、実現もしません。計画を具体化するための切り口を2つ紹介します。

(1)「5W3H」
- Why（なぜやるのか？目的の明確化）
- What（なにを？）
- When（いつ？いつまでに？）
- Where（どこで？）
- Who／Whom（だれが？だれに？）
- How（どのように？）
- How many（どのくらい？何回？）
- How much（どの程度費用をかける？）

(2)「続けること」「増やすこと」「やめること」
- 始めること（新たな取組み）
- 増やすこと（これまでやってきたことを、より一層強化）
- やめること（これまで続けてきたことを中止）

第5節　人間関係の承継

図表2-30　行動計画フォーマット例

	プロジェクトを実現させるための行動計画			
	始めること		増やすこと	
いつ（いつまでに）				
何を				
だれに				
どこで				
どれだけ				
どのように				

　これら２つを組み合わせると、より一層具体的な計画を立てられます。参考までに、筆者が使用しているものをご紹介します（**図表2-30**参照）。

Q2-23 ヒトの承継のまとめ

ヒトの承継をしっかり実行するために、有効な手立てはありますか。

 事業承継計画書を作成してみてください。

解説

ここまで紹介してきたように、会社の強みを明確にし、自社事業の将来性をかんがみたうえで、会社の将来ビジョンを描いたら、具体的な中長期経営計画を作成してみましょう。

年度別売上高、利益等の数値目標に加えて、これらの達成に向けた具体的な行動予定や作業項目を明らかにしていきます。これらが明らかになれば、事業承継計画書を作成することができます。

業承継計画書を作成することで、何を、どのような順序で、いつから着手すべきか、あるいは漏れはないかということも把握でき、頭と心の整理ができます。また、第3章、第4章で紹介する相続税対策や財産の承継に関するプランを立てるためにも有効となります。

事業承継計画には、
- 事業計画
- 関係者（家族、社員、取引先、金融機関）の理解
- 株式・財産の分配
- 後継者教育

等のスケジュールを盛り込みます。

フォーマットとしては、中小企業庁発行の「事業承継ガイドライン」のものを参考にしてみてください（**図表2-31**参照）。

第5節 人間関係の承継

図表2-31 事業承継計画（記入例）

<事業承継計画（記入例）>

社名	中小株式会社	後継者	⦿親族内・親族外

基本方針
① 中小太郎から、長男一郎への親族内承継
② 5年目に社長交代（代表権を一郎に譲り、太郎は会長へ就任し10年目には完全に引退）
③ 10年間のアドバイザーを弁護士と税理士に依頼

項目		現在	1年目	2年目	3年目	4年目	5年目	6年目	7年目	8年目	9年目	10年目
事業計画	売上高	8億円					9億円					12億円
	経常利益	3千万円					3千5百万円					5千万円
会社	定款・株式・その他		相続人に対する売渡請求の導入						親族保有株式を配当優先株式化			
現経営者	年齢	60歳	61歳	62歳	63歳	64歳	65歳	66歳	67歳	68歳	69歳	70歳
	役職	社長					→会長			→相談役		→引退
	関係者の理解	家族会議	社内へ計画発表		取引先・金融機関に紹介		役員の刷新					
	後継者教育		後継者とコミュニケーションをとり、経営理念、ノウハウ、ネットワーク等の自社の強みを承継 →									
	個人財産の分配						公正証書遺言作成					
	持株（%）	70%	65%	60%	55%	50%	0%	0%	0%	0%	0%	0%
			毎年贈与（暦年課税制度） →				事業承継税制					
後継者	年齢	33歳	34歳	35歳	36歳	37歳	38歳	39歳	40歳	41歳	42歳	43歳
	役職		取締役 →		専務 →		社長 →					
	後継者教育 社内	工場	営業部門		本社管理部門							
			経営者とコミュニケーションをとり、経営理念、ノウハウ、ネットワーク等の自社の強みを承継 →									
	後継者教育 社外	外部の研修受講	経営革新塾 →									
	持株（%）	0%	5%	10%	15%	20%	70%	70%	70%	70%	70%	70%
			毎年贈与（暦年課税制度） →				事業承継税制	納税猶予 →				

補足
・5年目の贈与時に事業承継税制の活用を検討。
・遺留分に配慮して遺言書を作成（配偶者へは自宅不動産と現預金、次男・長女へは現預金を配分）。
・一郎以外の株主（次男・長女）の保有株式を配当優先株式化することで均衡を図る。

【注意】計画の実行にあたっては専門家と十分に協議した上で行ってください。

（出所）中小企業庁「事業承継ガイドライン」（平成28年12月）

第3章 "財産"を円満に引き継ぐ

第3章 "財産"を円満に引き継ぐ

第1節 事業承継が困難な理由

Q3-1 なぜ、中小企業の事業承継が困難なのか

中小企業の事業承継は非常に困難になると聞いていますが、なぜ、そのようなことになるのでしょうか。

A 一般に、社歴が長い会社は株価が高騰している傾向にあり、当時の商法（現在は会社法）の関係で、株式が分散傾向にあるため、中小企業の事業承継を困難にしています。

解説

1 厄介な中小企業の株式

 読者の皆さんにとって広く一般的に知られている上場企業の株式には値段（株価）がついていて、それを証券取引所等で売買することで購入することも、売却することも容易にできます。

 しかしながら、わが国に存在する会社の大半は中小企業で、さらに、社長は父、専務は母、従業員は自分も含め兄弟のみという組織体が大多数ではないでしょうか。そのような会社組織では、その会社の所有者（株主）とその会社の経営者（取締役など）は一致していることがほとんどです。

 すなわち、一族で支配された会社ということになるのです。このような状況からすると、そもそも、前述した上場企業のように株価（「会社の価

図表3-1　中小企業の事業承継を困難にしている理由

- 中小企業の株式の価値は一体いくらかわからない（上場企業のような市場価格が存在しない）
- 株式の所有者が分散している傾向にあり、だれが所有者なのかわかりにくい
- 会社代表者が突然この世を去ったとき、会社の内部事情を知らない残された者が後始末をすることができない

値」ともいいます）が明示されておらず、だれも売買していない以上、うちの会社の価値は一体いくらで、だれが所有しているかなどよくわからないというのが現状ではないでしょうか。

2 もし突然、会社代表者が亡くなったら

　このような状態で、会社の代表者＝父が突然この世を去ったとき、父ですらよくわからないことを、残された者（家族や従業員）でその後始末ができるでしょうか。のちに詳しく説明しますが、昭和の高度成長期に創業した会社の株価は相当高くなっている可能性があり、また、当時の商法（現在は会社法）の規定で株主が複数いたりして、親族外にもその会社を所有する者がいたりと、想像するだけでも厄介です（**図表3-1参照**）。

　本章は主に税務（税金）に関する部分について解説していきますが、適宜、他の章も合わせてご覧ください。

Q3-2 中小企業の事業承継における株価の評価方法とは

株価の高騰が事業承継を困難にする1つの要因のようですが、中小企業（未上場）の株式の評価（会社の価値）は、具体的にどのようなものになるのでしょうか。

 中小企業の株式の評価（未上場株式の評価）の主なものは、類似業種比準方式、純資産価額方式、配当還元方式などがあります。

解説

1 取引相場のない株式

中小企業の株式の評価（税務上は「取引相場のない株式」と呼んでいます）は、株式市場が存在しないので、その価格は財産評価通達という国税庁が定める方法により計算することになります。図表3-2で詳しく説明してありますので、そちらを見ながら図表をロードマップのように使ってみてください。

2 評価の方法

取引相場のない株式は、原則的評価方法と特例的評価方法に区分され、さらに、原則的評価方法には純資産価額方式と類似業種比準方式があり、特例的評価方法には配当還元方式があります。

純資産価額方式や配当還元方式は株式の算出方法それ自体は難しくないので、ケースにもよりますが、株価を算出する手間はかかりません。一方、類似業種比準方式は計算式が複雑かつ注意を要します。図表3-2の算式をみると、計算式はシンプルですが実際の計算は複雑です。今回は、都

図表3-2 取引相場のない株式の評価方法

◎評価上の区分

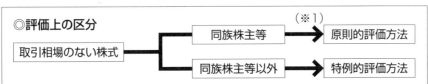

（※1）会社の規模はどれくらいか（規模の判定）と株式や土地を多く保有している会社かどうか（特定判定）という判定をはさみます。

◎原則的評価方式

原則低評価方式には類似業種比準方式と純資産価額方式があります。
類似業種比準方式とは1株当たりの価額を下記の算式により算出します。

$$\text{類似業種比準株価} \times \frac{\text{配当比準値}+3\times\text{利益比準値}+\text{純資産（簿価）比準値}}{5} \times \text{斟酌率}$$

（斟酌率：大会社0.7　中会社0.6　小会社0.5）

純資産価額方式とは1株当たりの価額を下記の算式により算出します。

$$\frac{\text{相続税評価額による総資産価額} - \text{負債の合計額} - \text{評価差額の法人税額等相当額（※2）}}{\text{発行済株式数}}$$

（※2）相続税評価額と帳簿価額による純資産価額の差額の38％相当額となります。マイナスの場合は0で計算します。

◎特例的評価方式

特例的評価方式の評価は配当還元方式によって算出します。

配当還元方式

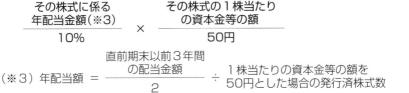

合上複雑な部分を省略していますが、定期的に自社の株式の価額を調べる際には余裕をもって専門家に依頼してください。

Q3-3 事業承継がうまくできない場合はどうするか

わが社の現状を考えると、事業の承継が難しいので廃業しようかと考えていますが、そう簡単に廃業できるのでしょうか。

事業承継がうまくいかない場合の方法として、事業を廃業するという選択肢もありますが、あくまでも最後の手段と考えてください。

解説

1 廃業の際に注意する点

もちろん廃業は簡単にできるものではありません。廃業とはある日を境に現状行っている事業をやめてしまうことにほかなりません。自分1人で細々と行っている事業であれば、すぐにでも廃業できる可能性はありますが、実際はそう簡単ではありません。**図表3-3**に廃業の際の主なチェックポイントを示しましたのでご覧ください。

図表3-3　廃業の際の主なチェックポイント

①	金融機関からの多額の借入金があるか
②	取引先などから多額の借入金があるか
③	売掛金以上に買掛金があるか
④	従業員の解雇退職につき多額のコストがかかるか
⑤	賃借している土地を更地にして返却する必要があるか

（※）上記①～⑤にあてはまると、廃業することが難しくなります。

おそらくほとんどの会社が、このチェックポイントのどれかに当てはまったのではないでしょうか。大きなトラブルとなるのが、既存取引先との関係、現在会社で働いている従業員の処遇でしょう。その他のものがトラブルにならないというわけではありませんが、前述したものは、長年、築き上げてきた信頼のもとに成り立ち、ともすると家族同様の付き合いをしている場合もあり、その損失は計り知れないものになるでしょう。

2 廃業を考えたら早く専門家に相談

　しかしながら、このまま続けていても会社を継いでくれる後継者がいない、そして、このまま事業を続けていても損失がふくらむだけという場合もあります。

　廃業するのも労力や資力が必要です。廃業すると決めてもすぐにはできません。結果として、タイミングを逃すと、廃業後の経営者の人生が狂ってしまい、大切な家族も失いかねません。選択肢として廃業は最後の最後ですが、悩んでいるのであれば、無理をせず、一度、専門家に相談してみてください。

第2節 財産の引継ぎのポイント

Q3-4 社長の個人財産や負債に対する承継する際のポイントとは

会社の株式以外に個人所有の土地や建物といった資産や借入金がありますが、承継するにあたり注意するポイントはありますか。

会社のことと個人のことは区別せずに、一体として考えいくことがポイントになります。

解説

1 会社 VS 個人資産

　会社のことと個人のことは別次元の問題として考えればいいと思い、切り離している方も多いと思いますが、それは大きな間違いです。

　筆者も税理士として実務をしていると、このような発言をする中小企業の経営者に出会います。会社の顧問（税務顧問）をしてもらっているだけで個人は関係ないといって、個人のほうを考慮しないとどうなるか。

　例えば、個人の所有する土地に会社の借入金の担保が入っていた場合はどうでしょうか。納税資金のためにこの土地を売却して、資金を確保できますか。また、会社の株価はそうでもない状態（いわゆる儲かっていない状態）でも、個人名義でたくさんの不動産収益物件を所有していて、毎年多額の不動産収入が上がっている場合はどうでしょうか。

図表3-4　社長の個人財産等に対する承継のポイント

- 会社のことと個人のことを別に考えていませんか？
- 個人で、不動産や上場会社株式、他人への貸付金などを保有していませんか？
- 個人で所有する土地を、会社の建物の敷地として利用していませんか？

　非常に難しい論点なので本書では詳しくは触れませんが、個人の土地の上に会社の建物を建てていた場合、借地権の問題が生じます。通常、他人の土地に自分の建物を建てて只で済むはずがありません。そこには借地権という権利の対価の支払いが生じますが、これを自分の主催する法人と自分の土地ということであれば、対価の支払いなどなくいままで来ているのではないでしょうか。

　ここには大きな税務上の問題が生じます。などなど、事例を挙げればきりがないほどです。

2 早めの準備を

　上記で見てきた問題は、会社と個人所有の資産を一体に見てこなかった弊害といえます。もし、本書を読んでいる経営者の方で、上記に当てはまる方がいたら、1日も早く個人で所有する資産にも目を向けて、会社と一体になって承継をしていく準備をしていきましょう（**図表3-4参照**）。

Q3-5 個人資産と負債を引き継ぐ際の具体的なポイントとは

上記Q3-4の財産を引き続くにあたりどのようにしたらよいか、具体的なポイントはありますか。

 現状で所有している資産や返済義務を負っている負債を、すべて把握することがポイントとなります。

解説

1 個人資産・負債を把握しているか

ここで、筆者から読者の皆さんへ質問です。

いま、会社の株価がいくらか（株価が正確にわかる）、個人で持っている資産は、例えば自宅の値段、どこに賃貸不動産があって値段はいくらか、趣味で集めた書画・骨董品がどれくらいあっていくらぐらいか、ゴルフ会員権等々…。もしかしたら、友人にお金を貸しているかもしれません。はたまた、銀行に借入金がいくらあるか、友人から借金をしているかもしれません。これらがだれに対して（どこにあって）、いくらの値段がついているか、借金はいつまでに返さなければならないか、正確に答えられる人はどれくらいいるのでしょうか。

職業柄いろいろな社長を見てきましたが、正確に（または、アバウトでも）答えられた方はほとんどいません。ある意味、これが普通の姿かもしれません。会社の社長は自分の事業を大きくしたり、雇用を維持したり、会社がこの先ずっと続くよう日々汗水たらして働いています。そこで、上記に示した自己の資産や負債を把握していないのが現状です。

図表3-5　個人資産・負債を引き継ぐ際のポイント

- 個人資産・負債をすべて洗い出す（棚卸）
- 上記を「見える化」する（個人版貸借対照表の作成）

2 個人資産・負債棚卸のすすめ

　ぜひ、個人で所有している資産や負債の棚卸をしてみてください。これは、非常に手間と時間がかかることでもありますので、適宜家族や専門家の力を借りましょう。そして、簡単な財産目録のような表を作成することをおすすめします。

　今後、事業承継だけでなく、自身の相続税の対策を考えるうえで、非常に有益な資料となることでしょう。まずは、自身の資産・負債の「見える化」を行うことが大切です。とりわけ、個人版の貸借対照表の作成を行うとよいでしょう（**図表3-5**参照）。

Q3-6　事業をだれに引き継いでもらうか

経営している会社をだれに引き継がせようか迷っています。引き継がせる人によって、その方法は変わるのでしょうか。

だれが引き継ぐかによってその方法は変わります。例えば親族なのか他人なのかによっても違いがあります。

解説

　会社をだれに引き継ぐかによってその方法はさまざまです。ただし、いずれの方法を取ったとしても、会社を引き継いでもらうという事実は変わりませんのでそのことは常に念頭においてください。

　具体的な手法を**図表3-6**にまとめました。今まで、中小企業の多くは親族への事業承継、とりわけ自分の子どもへの承継が一般的でした。ですが、少子化の流れの中で、たった1人しかいない子どもは事業にまったく興味を示さない、という事態が増えてきました。そこで、自分の親族以外の人に会社を承継させるということが注目を浴びるようになったのです。会社の従業員で有能な人材がいれば、その人に継いでもらうのもいいでしょうし、従業員が社長自身とそれほど年齢が変わらない場合は、会社を売却したり、合併したり（いわゆるM&A）するパターンも近年増えてきています。

　どの方法を取るとしても、早めの決断が大事です。自身が継いでほしいと思っている後継者候補は実は会社を継ぐことに不安を抱いているかもしれません。そのようなときは、時間をかけて後継者になってもらうよう粘り強く説得していくしかありません。今日の明日で会社の引継ぎはできないということを、肝に銘じておいてください。

図表3-6　具体的な引継ぎの手法

対象	手法
親族への承継	株価対策のうえで
	譲渡
	贈与
	相続
	組織再編成
	一般社団法人
親族外への承継	MBO
	組織再編成
	事業売却（M&A）
	一般社団法人

第3節 自社株の買取り

Q3-7 自社株の買取りの必要性とは

自社株の買取りという話を聞いたのですが、具体的にはどのようなものなのでしょうか。また、なぜそれが必要なのでしょうか。

A 会社を経営していくうえで、形式的に必要なことは、会社そのものをコントロールすることができるかにかかっています。自社の株式が分散していては、形式面で会社をコントロールすることができません。したがって、自社株を適切に買い取る必要がでてきます。

解説

　詳細は第4章を参照していただきたいのですが、現状の株主が社長であるパターンが多いということは前述したとおりで、その社長が亡くなると、相続という問題が起きます。その際に、親族間でだれがその会社の株式を承継するかという問題に直面することになります。会社の株式以外に、例えば多額の現金を持っているならまだしも、現状は資産のほとんどが会社の株式だったりすると、その株式をめぐって争いになり、株式は親族の間で分散してしまいます。そうすると、株式という経営権が分散してしまって、会社という組織が機能しなくなってしまいます。
　ある親族は高額となった評価の株式を現金で買い取ってほしい、ある親族は毎年利益が出たならば配当を必ず出してほしい、ある親族は会社の経

図表3-7

```
┌─────────────────────────────┐
│ 自社株の買取りはなぜ必要なのか？ │
└─────────────────────────────┘
              ↓
┌─────────────────────────────────────┐
│ ひと言でいうと、経営をコントロールすることが │
│         できるようになるから          │
└─────────────────────────────────────┘
              ↓
┌─────────────────────────────────┐
│ 経営をコントロールできない会社は、      │
│   手綱を持たずに馬に乗ることと同じ     │
└─────────────────────────────────┘
```

営に口を出してくるかもしれません。

　実際にそうやって会社が倒産の危機に陥った会社はいくつもあります。ですから、相続が起きる前に、あらかじめ自社株の承継者を決めて、早めに移していくことが大切です（**図表3-7**参照）。

　そして買取りにはいくつかの手法がありますので、それについては次のQで詳しく見ていくことにします。

Q3-8 自社株の買取り手法とは

上記Q3-7で、具体的な自社株を買い取る手法とはどのようなものでしょうか。

 基本的な手法としては、売買と贈与があります。

解説

1 自社株の買取り手法

　自社株を買い取る手法とのことですが、ここではあえて買取り＝移転と考えていきます。

　Q3-7では、自社株式が分散することで経営権が分散してしまい、会社が倒産する危険性もあるとこを述べました。ですから、適切に自社株の移転（買取り）をしなければなりません。

　移転の方法はいくつかありますし、その方法論も含めるといくつかの組合せも考えられますので、本問では単純に移転することに着目して話を進めていきます。

　移転の典型的な例は、贈与です。贈与には主に暦年贈与（Q3-26参照）と相続時精算課税贈与（Q3-25参照）があります。次に、売買です。後は相続ということになり、贈与と売買ぐらいしか方法はないのです。ここだけ見ると割と単純といえるかもしれません。

　贈与税の仕組みについては後述しますのでそちらをご参照ください。売買にかかる税金（譲渡所得税など）を**図表3-8**にまとめました。

図表3-8　株式の譲渡にかかる税金

> ［譲渡代金（売買価格）－ 取得価格（または譲渡代金の5％）］× 20.315％（※）
> 株式の譲渡代金はその売却時の時価となりますが、実務上は財産評価基本通達の原則的評価により評価した価格としています。

（※）所得税等15.315％＋住民税5％

2 買取り（移転）のうえでの注意点

　ここで注意したいのは、贈与と売買ではどのような違いがあるかです。「贈与」とは、「あなたに子の財産をあげます、ではもらいます」といった契約で、「売買」は、「いくらで売ります、いくらで買います」といった契約です。「贈与」はあげます・もらいます、なので、基本は無償で金銭は動きません。ですが、「売買」になると、いくらで売る・買うなので、必ず金銭が動くことになり、買い取る側が資金を用意しなければなりません。移転はしたいけど資金はありません、という顛末になりかねません。

Q3-9 自社株を買い取る手法として注意する点は

上記Q3-8で注意する点は、どのようなものでしょうか。

 贈与という手法を使った場合、売買という手法を使った場合で、納税義務（だれが税金を負担するか）を負う者が違ってきます。

解説

1 税金はだれが負担するのか（贈与）

まず、贈与についての注意点ですが、自社株の贈与を受ける側が贈与税の納税義務（税金を納める義務）を負います。自社株という財産は移転しますが、これらは何ら換金価値もなく納税資金を生みません。したがって、あらかじめどれくらいの自社株を移して、どれくらいの贈与税が発生するかシミュレーションしておかなければなりませんし、納税資金の準備も必要です。

それから、相続税精算課税制度を使う場合も納税資金の問題ができてきます。一括で贈与できる財産額は暦年贈与より広がりますが、無税となるわけではありません。また、精算課税制度を使うには、年齢要件がありますので留意してください。

2 税金はだれが負担するのか（売買）

一方、売買の場合、税金は売却した側に課されます。株を売却すればお金が入ってきますので、そのお金で譲渡税という税金を納めることができます。ただし、買取り側は株式を買い取るための資金調達の必要があることは前述したとおりです（**図表3-9**参照）。

図表3-9　自社株の買取りの注意点

- 税金はだれが負担するかでその方法は変わる
- 贈与──➤もらった者が税金負担
- 売買──➤売った者が税金負担
- 売買は、買い取る側に資金が必要になる

Q3-10 自社株の買取り資金の調達方法は

自社株の買取りにあたり、その資金調達にはどのような方法があるのでしょうか。

A　資金調達には主に「個人／会社の自己資金で賄うか」、「金融機関から調達するか」の２種類の方法があります。法人においては生命保険の有無により、買取り限度額が大きく変わる可能性がありますので、注意が必要です。

解説

1 個人間での移転

　個人間での自社株移転をする場合、資金が潤沢に準備されていれば問題ありませんが、自社株評価が高くなり、株を移転するにも手元資金では賄えないケースも散見されます。その場合は、金融機関から借入れをすることになりますが、金利負担が増えますし、事業投資と違い回収できない借入れになりますので、慎重な対応が必要です。

2 会社が買い取るケース

　また、会社が金庫株として、個人より買い取ることもできます。その資金調達としては、会社内に十分な現金が必要ですし、社内に資金がなければ金融機関から借入れを検討する場合もあるかと思います。
　さらには、会社が買い取る場合は、買取り資金としての現金があるだけではだめで、「分配可能額」を超えてはならないとする財源規制がありますので、注意が必要です（正確性を欠きますが、「分配可能額」とは、簡単に

言うと利益剰余金のことです)。

3 生命保険で準備する

　社長が大株主で、急逝すると自社株分散のおそれがある場合は、生命保険で事前対策をしておくことも大切です。

　生命保険の契約者を会社、被保険者を社長、受取人を会社という形態にすると、社長が万が一急逝した場合にも、生命保険金として現金が会社に入り、買取り資金を準備できますし、さらには生命保険金は雑収入となりますので、利益剰余金を押し上げる効果もあります。

第4節 事業承継をスムーズにする方法

Q3-11 事業承継の全体像とは

事業承継の全体像としてどのような対策が考えられるか、教えてください。

A 事業承継は会社のソフト面、ハード面の引継ぎができて完成します。どちらか一方のみの承継や、形式面だけを整えても、承継できたとはいえません。

解説

1 事業承継の全体像

事業承継とは、会社のソフト面、ハード面両方の引継ぎをして初めて事業を承継したといえるのです。特に、税務に関してはハード面がかかわってきますが、ソフト面をおろそかにしてハード面（例えば、過度な節税など）ばかりを考えていても、絶対にうまくいきません。それをふまえて本書を参考に事業承継を進めてください（**図表3-10**参照）。

2 引継ぎが必要なハード面

ハード面の事業承継としては、会社をだれにどのような方法で引き継いでいくかが重要なポイントです。次のQから順に説明していきますが、会

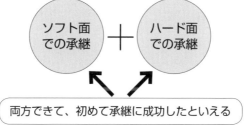

社の株価が高ければ高いほど、納税資金の問題で承継は困難ですし、株価の対策ができたとしても、右から左へと株を動かすだけでは会社は承継できません。株価対策をもとに、だれに株式を引き継がせるかを決定していかなければなりません。

3 引継ぎが必要なソフト面

　ソフト面の事業承継は会社の持つ技術や人員といったものをどのように活かし、引き継いでいくかという問題が生じます。会社は人と同じ「生きもの」です。単純にだれが引き継ぐか決まったからと言って、事業承継がうまくいくわけではありません。

　詳しくは第2章にて触れていますので、そちらを参照してください。

Q3-12 株価を引き下げるにはどうするか

会社株式の価格（株価）はどのようにして引下げをしていけばよいでしょうか。

 株価の引下げの方法としては、利益圧縮と組織再編がポイントとなります。

解説

1 引下げ対策の全体像

　Q3-2では、中小企業の株式の評価がどのようにされるかをお話ししました。もう一度整理すると、類似業種比準価額方式では「配当」「利益」「純資産」という3つの要素から決まりました。さらに、「利益」は3倍して計算され、他の要素よりもインパクトを与えることになりますので、とても重要です。

　一方、純資産価額方式では、その名のとおり、「純資産」の価額が株価を構成することとなります。簡単にいうと「純資産」は貸借対照表の資産から負債を差し引いた額になります。ですから、資産を低くしたり、負債を増加させると純資産が減少することになり、株価の対策となるわけですが、類似業種比準価額方式も含めてどのようにしたら株価を引き下げられるのかを順にみていきたいと思います（**図表3-11**参照）。

2 具体的方法（利益圧縮）

　「利益圧縮」するには売上げを減少させるか、経費を多く計上することで達成できます。ただ、売上げを意図的に減少させることは脱税行為とな

図表3-11　株価引下げのポイント

- 利益を圧縮することが先決（貸借対照表の見直しなど）
- 組織再編が有効な場合もある

りかねませんので現実的には不可能です。それでは、経費を多く計上することはどうでしょうか。もちろん、事業活動に何ら関係ない経費を計上したり、架空の経費を計上したりすることは脱税行為になりますのでできません。しかし、下記に示すような場合は、結果的に経費を多く計上することになり利益圧縮につながります。

- 役員退職金の計上
- 生命保険、共済等の活用
- 推定被相続人以外の役員報酬の増額
- 不良資産の整理（含み損を抱えた不動産、不良在庫、回収不能債権）

いかがでしょうか。特に、不良資産の整理は事業承継対策だけでなく、通常の決算対策にも使えそうです。いますぐ、皆さんの会社の貸借対照表を見て見ましょう。

3　具体的方法（組織再編）

皆さんは「○○ホールディングス」という言葉を耳にしたことがあると思います。いわゆる「持株会社」というものです。

まず資産管理会社（B社）を設立して、いまある事業を行っている会社（A社）を株式交換という手法で、A社をB社の子会社とします。A社は事業会社ですのである程度の利益を出し続けることが前提ですが、利益が出ればA社の株価が上昇し、それがそのままB社の含み益となります。しかし、含み益に対して38％を控除して株価を算定しますので、利益が出てももろに影響が出ないようになっています（この方法は複数の要因が影響を与えますので、必ず各専門家と相談しながら行ってください）。

Q3-13 承継をスムーズにする方法とは

事業承継を行うにあたり、承継をスムーズにする方法にはどのようなものがありますか。

A 承継をスムーズにする方法として、「親族に引き継ぐ場合」、「自社の従業員に引き継ぐ場合」、「まったくの他人に引き継ぐ場合」と分けて考えます。自社株の納税猶予、組織再編、MBO、M&Aなどの方法が考えられます。

解説

上記Q3-6で「親族に引き継ぐ場合」と「自社の従業員へ引き継ぐ場合」のお話をしました。本問では、方法論の具体的な話をしていきたいと思います。また、その方法論の中で税務上問題になるところを中心に進めていきます。

1 親族に引き継ぐ場合

(1) 自社株の納税猶予

自社株の納税猶予とはどのような制度なのでしょうか。簡単に言うと、経営者が自社株を保有したまま亡くなった場合（相続が発生した場合）、その自社株の8割に対応する相続税の納税が猶予される制度です（ただし、最大2／3まで）。また、相続だけでなく贈与の場合もほぼ同じような制度があります（**図表3-12**参照）。

(2) 組織再編

例えば、親として自分の子どもに事業を継がせたいと思っていたとします。子どもが何人かいて、子ども自身も事業を継ぎたいと考えている場

図表3-12　自社株の納税猶予

非上場株式等についての相続税の納税猶予及び免除の特例

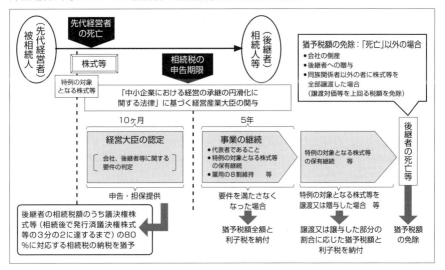

（出所）国税庁ホームページより

非上場株式等についての贈与税の納税猶予及び免除の特例

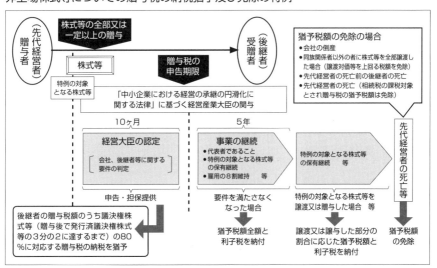

（出所）国税庁ホームページより

合、一般的には、長男には社長を、長女には副社長を、という具合に、それぞれの役職を与え、事業を引き継がせることを考えると思います（自社株も等分に分ける）。

しかし、子ども同士の仲がよい場合はいいのですが、仲たがいして会社の経営状態や内部体制が崩壊した場合、顧客からの信頼が失墜し、会社が傾く可能性もあります。

そのようなとき、複数の事業体を持っている会社なら、事業部ごとに会社を分割し、その１つ１つの会社を各人に継がせていくという方法もあります。これは、収益不動産を複数持っている会社などにも応用できそうです。

また、継ぐ側の子どもが１人しかいない場合で、複数社経営している場合には、その複数の事業体で利益が出ていない事業体があるならその会社を清算したり、他社へ売却したりするという選択肢もあります。

ひと昔前に比べ、最近は法人の組織再編がわりと平易に行えるようになりました。事例も増えてきていますので、検討の余地は大いにありそうです。

（3）信託を使う

信託については、オーダーメイドに設定をできる点で非常に使い勝手がいいのですが、その組合せは何通りにもなり、これもまた、信託に精通した専門家と相談しながらつくり上げていく必要があります。以下に、例えばこんなことができるという事例をご紹介します。

① まだ、議決権は自分に留保しておきたいが、所有権や配当を受ける権利は子どもに贈与しておきたい

② 子どもの配偶者には株式を相続させたくなく、万が一子どもが自分よりも先に死んだ場合は孫に株式を相続させたい

③ 子どもに財産を生前に贈与しておいて、その財産の使い込みを防止するため、所有権は自分に留保しておく

(4) 一般社団法人を使う

「一般社団法人」という言葉を耳にする機会が増えてきたと思いますが、そもそもどういう組織なのでしょうか。簡単に言うと、人の集まり（グループ）に法人格を与えたものと考えてください。サークルや同窓会、クラブなどは民法上、「人格なき社団」といって、法人格を持っていません。法人格を持っていないと、その団体名で通帳がつくれなかったり、不動産を所有できなかったりと法律行為の帰属主体になれないのです。法人格を与えられた一般社団法人は法律行為の帰属主体になれますので、前述した問題を解決できます。

次に、一般社団法人の参画者（社員）は、その法人に対し持分を有しません。株式会社のように、設立の際に金銭等の出資をすると、それに対する持分（所有権）が生じますが、一般社団法人は、人の集まりを法人化しただけなので、持分を有しないのはおわかりいただけるかと思います。そこでこの持分を有しないことを逆手にとって、過度な節税策として一般社団法人を使う例を耳にします。事業承継はあくまで事業を続けることを主眼に置きますので、小手先の節税策にはあえて触れません。

例えば、持株会社として、従業員持株会の受け皿として、または少数株主からの株式買取りの受け皿として、一般社団法人を使うことが考えられます。もし、現行オーナー（社長など）が認知症などにより経営判断を行うことができなくなっても、持株会社が議決権を持っていれば、会社経営を続けていくことができます（**図表3-13**参照）。

2 自社の従業員に引き継ぐ場合

現在、自社にいる従業員たちに引き継がせたい経営者も多いと思います。まったく縁もゆかりもない人に会社を売却するくらいなら、いままで苦労を共にした者に譲りたいと思うでしょう。また、魅力のある会社であれば、自分たちが会社を引き継ぎたいと思っている従業員もいることと思

図表3-13　一般社団法人を利用する場合

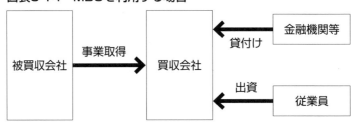

図表3-14　MBOを利用する場合

います。そこで、「MBO（マネジメントバイアウト）」という手法を用いて、現行の会社の株式を取得します。

　従業員は通常、株式の取得資金を全額用意できないことがほとんどですので、金融機関などの資金援助を受けて株式を取得していきます。仕組みを**図表3-14**に示しておきましたが、いずれにしても、魅力のある会社（事業）でないと金融機関などは資金援助しませんので、その点については注意が必要です。

③ その他第三者に引き継ぐ場合

　自分の子どもや従業員などに後継者が見当たらない場合、最後の方法として他社（他人）へ事業を売却して、いままでの雇用や取引先との関係を

保っていくということが考えられます（事業の売却＝M&A）。これまでは「M&A」というと他社から乗っ取られるといったイメージでしたが、最近は後継者不足を補う手法として注目を浴びています。

　ただし、事業を売却したいと考えていても、実際に当社の事業を買いたいという人が現れなければ、M&Aは成立しません。当たり前の話ですが、当社の事業が魅力のある事業でないと買い手は現れません。皆さんも買い物をする際に、値段は安いけど見た目がいまいちだったり、当面使わないものは目に入らないと思います。そういった、一般常識的なものをかんがみて、M&Aという手法が本当に使えるかどうかを検討する必要があります。

　ただ後継者がいないからといって、安易にこの手法を検討することがないようにしたいものです（**図表3-15**参照）。

図表3-15　M&Aを利用する場合

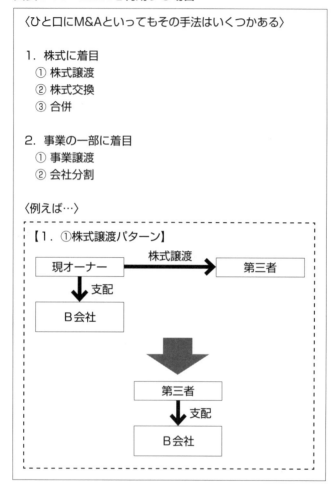

第5節　事業承継と経営者の相続

Q3-14　経営者自身の相続のポイントとは

会社経営者自身の相続を考える際に注意するポイントは、どこにありますか。

A　経営者個人の財産について考える必要があります。自社株や個人で持っている土地、会社に貸しているお金があるかもしれません。それらを把握したうえで、相続を考えるのがポイントです。

解説

1 経営者自身の相続

いままではどちらかというと、会社のほうを中心に見てきましたが、経営者個人の財産についても考えなくてはなりませんし、相続というと「争続」といわれるくらいなので、いかにして相続人同士でもめることなく引き継いでいくかがポイントになります。

要するに、会社の株式を含めどの財産をだれに引き継いでいくか、ということを考えなくてはいけません。当然のことですが、その分け方によって納める相続税額が変わってきますので、同時にその対策も考えていかなくてはなりません。

図表3-16　経営者自身の相続のポイント

① 社長が会社にお金を貸している・お金を借りている
② 個人で金融機関からの借入れがある

（※）上記①②の場合は注意が必要。

2 個人での貸付けや借金

　会社にお金を貸し付けている場合、逆に会社からお金を借りている場合、金融機関からお金を借りている場合（住宅ローンや不動産賃貸事業のローンなど）、会社関係の貸付け、借入れはどう処理するのか、金融機関等からの借入れはだれが引き継ぐのかを明確にしておかないと、「争続」になるもととなります（**図表3-16**参照）。

Q3-15 相続税の具体的な計算方法と近年の改正

相続税の具体的な計算はどのようなものですか。また、最近改正になったと聞きましたが、どのような内容ですか。

計算方法については下記を参照してください。主な改正としては、相続税の計算上重要な基礎控除が6割減額されました。

解説

図表3-17に相続税の計算の流れを示しました。なお、平成27年1月より相続税の計算上重要な基礎控除が6割減額され、これにより、いままで相続税の納税がなかった人まで納税の対象になることとなりました。

図表3-17 相続税の計算方法

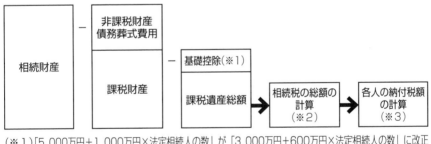

（※1）「5,000万円＋1,000万円×法定相続人の数」が「3,000万円＋600万円×法定相続人の数」に改正

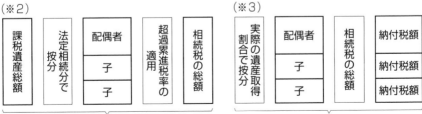

Q3-16 相続税の節税対策とは

なるべく納める相続税を少なくしたいのですが、よい節税対策はありますか。

A 節税対策はいろいろとありますが、ケース・バイ・ケースでどの方法をどの時点で使うかによっても違います。今回は、贈与や保険の使い方をお話しします。

解説

1 節税対策の概要

もちろん、節税対策はいろいろとあります。ただ、最初にお断りしておきますが、節税にはそれぞれリスクが伴うことがあります。デリケートな部分でもありますので、くれぐれも慎重に行ってください。

2 贈与を使う

まず初めに、「①暦年贈与」を使った対策です。詳しくは後述します（Q3-26参照）。

暦年贈与との比較で「②相続時精算課税」という制度もあります。この制度は、一度選択すると二度と暦年贈与の方法を取ることができなくなりますので注意が必要です。また、場合によっては使わないほうが有利になることもあります。この方法も詳しくは後述します（Q3-25参照）。

3 保険を使う

さらに、「③生命保険金等の非課税限度額の制度」を使った対策も考え

図表3-18　相続税の節税対策

贈与を使う	① 暦年贈与（Q3-26参照） ② 相続時精算課税（Q3-25参照）
生命保険を使う	③ 非課税枠500万円×法定相続人の数

られます。この制度は、残された相続人の生活保障のために、いわゆる死亡保険金のうち「500万円×法定相続人の数」までは相続税が課税されないというものです。ただし、被相続人（亡くなった方）が保険料を負担していた場合に限ります。

　あまり保険を掛けていない方は参考にしてください。この非課税の部分を利用して、例えば定期預金に預けているものを終身保険などに移し替えるだけでいいのです。預金にしておくと税金が課されますが、保険に振り替えていくだけで税金がなくなる。不思議な感じがしますが、ホントの話です（**図表3-18**参照）。

Q3-17 相続税の配偶者の税額軽減と留意点

相続税の計算上、配偶者の税額軽減の制度があると聞きましたが、どのような内容なのでしょうか。気をつけるべき留意点なども教えてください。

 以下の解説において、制度の仕組みと留意点を説明いたします。

解説

1 相続税における配偶者の税額軽減とは

相続税における配偶者の税額軽減とは、配偶者が法定相続分または1億6,000万円まで財産を取得しても、相続税はかからないというものです。

制度の趣旨としては、配偶者の相続税については、同一世代間の財産移転であることが多く、その後、次の相続が近い将来発生する可能性が高く、その際に相続税が課税されること、また、相続後の配偶者の生活保障の観点から、このような措置が設けられています。

それでは具体例をみていきたいと思います。例えば、父が亡くなり、相続する財産が全体で5億円あったとして、相続人は配偶者（母）と子1人の場合、法定相続分の2分の1ずつ財産を取得すれば、子のほうには相続税がかかりますが、配偶者は上記の税額軽減の制度により0円となります（**図表3-19【例1】**参照）。

2 財産をあまり持っていない配偶者が先に亡くなると

上記①でみた相続の逆のパターンをみてみましょう。あまり財産を持っていない母が先に亡くなり（これを「一次相続」という）、その後、父が亡

図表3-19　パターン別計算例

```
父　相続財産5億円
母　財産なし
家族構成　父、母、子
```

【例1】父が先に亡くなった場合（相続財産を母と子で1／2ずつ取得）

＜一次相続の税額＞
5億円－4,200万円＝4億5,800万円
4億5,800万円×1／2＝2億2,900万円
2億2,900万円×45％－2,700万円＝7,605万円
母：税額0円（配偶者の税額軽減により）／子：税額 7,605万円 ← 一次相続の税額

＜父の財産を相続した後の手残り＞
母：2億5,000万円／子：2億5,000万円－7,605万円＝1億7,395万円
合計：4億2,395万円

＜その後、母が亡くなった場合の二次相続の税額＞
2億5,000万円－3,600万円＝2億1,400万円
2億1,400万円×45％－2,700万円＝税額 6,930万円 ← 二次相続の税額

＜両親が亡くなった後の手残り＞
1億7,395万円＋（2億5,000万円－6,930万円）＝ 3億5,465万円

【例2】母が先に亡くなった場合

＜一次相続の税額＞
相続する財産がないので 0円 ← 一次相続の税額

＜その後、父が亡くなった場合の二次相続の税額＞
5億円－3,600万円＝4億6,400万円
4億6,400万円×50％－4,200万円＝ 1億9,000万円 ← 二次相続の税額

＜両親が亡くなった後の手残り＞
5億円－1億9,000万円＝ 3億1,000万円

（※）例1と例2の、一次相続＋二次相続の税額の差＝**例2のほうが4,465万円多い**
　　（1億9,000万円－1億4,535万円）

くなった場合（これを「二次相続」という）は、**図表3-19【例2】**のような税額になります。

もし、何も対策をしないと4,465万円も税負担が重くなります。もちろんだれが先に亡くなるかなどはわかりませんから、税負担の軽減を考えるなら、後述する生前贈与などを早めに実行しておくことが大切になります。

3 留意点その1

配偶者の税額軽減の制度があるからといって、すべての財産を配偶者に相続させてしまうとどうなるでしょうか。上記の家族構成の場合で、仮に相続財産が1億6,000万円だったとして、その内訳が現金預金のほかに多額の収益が上がる不動産を所有していたとします。

すべての財産を配偶者が相続すると、一次相続では税金はかかりません。ですが、収益不動産からの家賃収入が定期的に入ってきて、相続した財産以外に配偶者の財産がふくらむことになります。そうすると、二次相続で税負担が増えてしまうのです。

上記はほんの一例ですが、財産構成をもとに配偶者の税額軽減をどの程度取っていくのか、専門家を交えて詳細なシミュレーションをしてみてください。

4 留意点その2

読者の中には、長年連れ添った妻（夫）がいるが、何らかの都合で婚姻届を提出しておらず、いわゆる「内縁の妻（夫）」という状態のままの人がいるかもしれません。この場合、正式な婚姻関係にありませんので、相続税の配偶者の税額軽減の適用は受けられませんので注意が必要です。

Q3-18 小規模宅地等の特例

自宅の土地や収益不動産の土地、自社の建物の土地は、相続税の計算上、減税になると聞きましたが、どのようなことでしょうか。

一定の要件を満たした自宅の土地や収益不動産の土地、自社の土地は、相続税の計算上、減額されることとなります。これを「小規模宅地等の特例」といいます。

解説

1 一定の要件を満たすと土地の評価を減額

被相続人の所有していた土地で特定事業用宅地等に該当する場合は400㎡まで80％、貸付事業用宅地等の場合は200㎡まで50％、特定居住用宅地等の場合は330㎡（改正前240㎡）まで80％、土地の評価を減額します。

これは、例えば、被相続人と配偶者の住んでいた自宅の土地について、相続後引き続き配偶者がその自宅に住み続ける場合などは、その配偶者の住まいである場所を確保することが必要なことなどから、このような優遇措置が設けられています。

その他、上記の3つは細かく要件が規定されており、その適用を受けるときはご自身で判断せずに、事前に専門家に相談してください。

2 未分割の場合は適用は受けられない

なお、相続税の申告期限までに財産の分割協議等が整っておらず、未分割の状態だった場合、この規定の適用を受けることはできませんので注意が必要です。

図表3-20　小規模宅地等の特例のポイント

- 事業用や自宅の土地で、一定の要件を満たすと減額される
- 未分割であった当該土地については、原則、この特例の適用を受けられない

ただし、申告期限までに分割がされていなくても、申告期限後3年以内に分割された場合などは、この規定の適用を受けることできます（**図表3-20参照**）。

Q3-19 未成年者控除、障害者控除

私には、小学生（未成年）の子や、身体の不自由な子がいます。もし私にもしものことがあった場合、心配です。相続税の計算のなかで、このような者への配慮はあるのでしょうか。

 未成年者控除、障害者控除という規定があります。

解説

1 未成年者控除

相続等により財産を取得した者が未成年であった場合は、その未成年者の納付すべき相続税は、**図表3-21①**の算式により計算した一定額を控除することとなっています。

これは、近年の改正事項ですが、平成27年からの相続について、1歳あたりの控除額は10万円となりました（改正前は6万円）。仮に0歳で相続により財産を取得した場合、控除額は200万円となります。

2 障害者控除

相続等により財産を取得した者が障害のある者であった場合は、その者の納付すべき相続税は、**図表3-21②**の算式により計算した一定額を控除することとなっています。

こちらも未成年者控除と同様、近年改正がありました。一般障害者が6万円から10万円、特別障害者は12万円から20万円となりました。

なお、「特別障害者」とは重度の障害がある者（例えば、障害者手帳に1

図表3-21　控除の額

① 未成年者控除額：(20歳－相続開始時の年齢)×10万円
② 障害者控除額
　一般障害者の場合：(85歳－相続開始時の年齢)×10万円
　特別障害者の場合：(85歳－相続開始時の年齢)×20万円

級と記載があるなど)で、「一般障害者」とは特別障害者以外の者をいいます。

第5節　事業承継と経営者の相続

Q3-20 養子と相続税の関係

相続税対策のために、孫や配偶者を養子にするといいと聞いたことがありますが、本当でしょうか。

 相続税の計算上、養子にしたからといって、相続税対策になるとは限りません。

解説

1 相続税の基礎控除

Q3-15でご説明した相続税の計算方法の中に、「基礎控除」という項目があったかと思います。近年改正になり、基礎控除額は「3,000万円＋600万円×法定相続人の数」となりました。この金額より相続する財産が少ない場合は、相続税がかからないということになります。

このことから、法定相続人の数を増やすと、基礎控除額が大きくなって、相続税対策になるのではないかと考える人もいるのではないでしょうか。

2 法定相続人の数と養子

現行の法律では、この法定相続人の数に含まれる養子の数を制限しています。

① 被相続人に実子がいる場合……1人
② 被相続人に実子がいない場合…2人

ただし、民法上の特別養子縁組によって養子となった者など、一定の場合は実子とみなします。

図表3-22　養子のポイント

- 相続税計算上、養子の数は制限がある
- 孫養子は、20％の加算がある

なお、養子の数を法定相続人の数に含めることで、相続税の負担を不当に減少させる結果となると認められる場合、その原因となる養子の数は、上記①または②の養子の数に含めることはできません。

③ 孫養子の注意点

上記のような相続税対策という目的だけでなく、その他の理由で養子縁組を行うことはあると思います。特に、孫を養子にするということはあるでしょう。

この場合、相続税の計算上注意しなければならないのは、その孫養子は相続税額が20％加算される決まりになっていることです。思わぬところで税負担が増えることになりますので、ご留意ください（**図表3-22**参照）。

また、相続税の節税目的で孫と結んだ養子縁組は有効かどうかが争われた事例で、最高裁平成29年1月31日判決は、節税目的の養子縁組でもただちに無効とはいえないと判示しました。「節税の動機と縁組の意思は併存しうる」としている点が、今後孫養子を考える際に影響を与えそうです。

Q3-21 国外財産の相続税の課税の有無

海外に財産を所有していた場合は相続税がかからないと聞きましたが、本当でしょうか。

A そんなことはありません。相続税が課税されないケースもありますが、日本国籍があって（日本人であって）、日本に住所があれば、通常は相続税が課税されます。

解説

1 原則は課税される

よく、「相続税が課税されないから財産を海外に持つといい」という話を耳にしますが、そんなことはありません。

相続により財産を取得したときに日本国内に住所を有する相続人等（居住無制限納税義務者）は、国内・国外問わず、取得した財産はすべて相続税の課税対象となります。

2 例外もある

ただし、相続等により国内財産を取得したときにおいて日本国内に5年超住所を有しないものは、国外財産には相続税の対象から外れます（被相続人も日本国内に5年超住所を有していない場合）。

日本国内で事業を営んでいる人は、上記のような状態ではありませんので、海外にある財産を含めて、相続税の課税対象となることについてご注意ください（**図表3-23**参照）。

図表3-23　国外財産の相続税の課税

- 原則は、国内外を問わず、すべての財産に相続税が課税される
- 日本国内に住所がない場合で、一定の場合のみ、国外財産には相続税が課税されない場合がある

Q3-22 相続税の納税資金の確保

相続税の納税が多額になりそうですが、どのようにして備えておけばいいでしょうか。

A　まずは、現状で相続が起きた場合に納税しなければならない税額がいくらかを把握しておく必要があります。そのうえで、その税額に見合った現金を、どうつくっていくかがポイントになります。

解説

　資産構成によってその対策は異なりますが、仮にいま相続が起こった場合その納税額はいくらになり、それを納税できるだけのキャッシュ（現金）を所有しているのであれば特に問題ないので、そのまま、Q3-16をご確認のうえ、節税対策を進めてください。

　潤沢なキャッシュ（現金）を所持している方はそう多くはないかと思います。それこそ、中小企業の社長の財産のほとんどが自社株なわけです。あとは、自宅などの不動産の可能性が高いのではないでしょうか。

　相続税の納税は原則として現金でなければなりません。もちろん、例外としての物納等がありますが、手続的に複雑なのと一定の要件をみたさなければ適用を受けることができません。ここでは現金で納める方法を考えていきたいと思います（**図表3-24**参照）。

1 不動産の現金化

　例えば、東京都心など高値で不動産の取引がされていることでは、所有する不動産を売却して現金化することはさほど難しいことではないかもしれません。ただ、今後の人口動向や東京都心や一部の地方都市を除いた地

図表3-24　納税資金の確保のポイント

- 不動産を現金化する
- 死亡退職金や弔慰金制度を活用する

域では、不動産価格の下落が一層進むことも考えられます。最悪の場合は売却できないとういことにもなるかもしれません。

そこで、他者に売却できない場合は、自社に買い取ってもらうという方法も考えられます。こちらは、自社に潤沢な資金がない場合、金融機関から融資を受けて（この場合、一般的には買い受ける土地を担保にすることが考えられます）、買取りをするという方法になります。

前述した売却が難しい場合だけでなく、先代からの資産を外部に流失してしまうことを防ぐという役割もあります。

2　死亡退職金や弔慰金

死亡退職金や弔慰金の制度を使って、納税資金に充当することもできます。

まず、死亡退職金ですと、「500万円×法定相続人の数＝非課税限度額」で導かれた金額が、税金がかからない分として家族に残せるメリットがあります（死亡退職金を受け取った人が相続人以外であれば、非課税制度の適用はないことにご注意ください）。

次に、弔慰金としても、相続税の対象にならない以下の金額を残すことができます。

① 業務上の死亡＝死亡当時の普通給与×3年分
② 業務上の死亡でない＝死亡当時の普通給与×半年分

リスクマネジメントとして、自分に万が一のことがあったとき、自社株をだれに引き継ぐのかを考えておくことも大事ですが、だれに渡したくない（経営権を握らせたくない）のかも、考えておくことも大事です。

そのうえで、自社株を受け取った相続人が納税資金に悩まないよう、死亡退職金や弔慰金の制度を使うことが有用と思われます。

Q3-23 贈与税の配偶者控除

贈与税の配偶者控除という制度があるようですが、どのような内容なのでしょうか。

 婚姻期間が20年以上であれば、配偶者に対して、自分が住むための不動産やその購入資金を2,000万円までは贈与税を課税しないという制度です。

解説

1 婚姻期間20年で非課税

夫婦間で居住用不動産そのものや居住用不動産の購入資金を贈与した場合は、2,000万円まで贈与税は課税されないという制度です。ただし、婚姻期間が20年以上であることが必要です。

あくまでも、居住用(自分が住む)ということが要件です。投資用や別荘などは対象ではありませんのでご留意ください。

2 暦年の110万円との関係

この贈与税の配偶者控除は、暦年課税(Q3-26参照)の基礎控除110万円と一緒に適用することができます。すなわち、2,000万円+110万円=2,110万円まで、贈与税が課税されないことになります。

3 1回だけの制度

この制度は、配偶者から贈与を受けた前年以前のいずれかの年分において、この制度の適用を受けている場合には、その適用を受けることができ

図表3-25　贈与税の配偶者控除のポイント

- 婚姻期間が20年以上で居住用の不動産であること
- 暦年の110万円も含めて2,110万円まで贈与税は課税されない
- 同じ配偶者からは1回のみ適用できる

ません。要するに、この制度の利用は同じ配偶者からは1回きりということになります（**図表3-25**参照）。

Q3-24 扶養義務者からの生活費や教育費として贈与を受けた場合

父に、私の子ども（父の孫）の塾や習い事の月謝を負担してもらっていますが、これは贈与税の対象になるのでしょうか。

 教育上、通常と認められる塾や習い事の月謝については、贈与税が課税されることはありません。

解説

1 贈与税は課税されない

相続税法には、扶養義務者相互間における生活費または教育費の贈与で、通常必要と認められるものについては贈与税が課税されないと規定されています。

例えば、ご質問にある教育費や、日常生活を営むのに必要な費用や治療費などは、日常生活に通常必要な費用であり、これを扶養義務に基づいて贈与されたものに贈与税を課税するのは適切でないとの観点から、非課税となっています。

2 扶養義務者とは

扶養義務者とは、「配偶者、直系血族および兄弟姉妹、その他一定の者」のことをいい、扶養義務者に該当するかどうかは、贈与のときの状況により判断します。

3 一括で贈与を受けた場合は注意

上記の非課税になるものとは、必要な都度、直接、教育費や生活費に充

図表3-26　通常必要な生活費や教育費は贈与税がかからない

- 扶養義務者相互間の贈与であること
- 通常必要であると認められるもの
- 数年分を一括で贈与されたものは、原則は課税される

（※）本書では触れませんが、別途「直系尊属から教育資金の一括贈与を受けた場合の非課税」といった制度があります。

てられるために贈与を受けた財産であり、数年分を一括して贈与を受けた場合、残った金銭を預貯金としたり、株式や不動産の購入費用に充てたりした場合は、贈与税の対象となりますので注が必要です。

4 相続財産を減らせないか考える

ここまで見ていただくと、一見、上記の制度は当然のことを言っているように思えるかもしれませんが、視点を変えると、財産を持っている者から、他の者へ財産を移すことになります。さらに、通常必要と認めるものは税金は課税されません。

暦年贈与（Q3-26参照）だけでなく、こういった扶養義務者相互間の贈与をうまく活用すると、相続税の圧縮につながります（**図表3-26**参照）。

Q3-25 富裕層と相続時精算課税について

富裕層に相続時精算課税は有効でないと聞きますが、それはなぜでしょうか。

相続時精算課税は、仮に相続税を支払っておき、最終の相続の際に税額を清算するという、制度上の決まりがあるからです。

解説

1 相続時精算課税のしくみ

それは、相続時精算課税制度の仕組みにあります。その名のとおり相続時で精算させる制度なので、後述する暦年課税とは制度を異にします。

制度の概要は、原則として60歳以上の父母または祖父母から、20歳以上の推定相続人である子または孫に対して贈与できる仕組みで、その贈与税の計算は、下記の算式で計算した税額となります。

[贈与財産の価額 － 特別控除額（限度額2,500万円）] × 20%

例えば、1年目、500万円の贈与をすると、500万円－500万円（特別控除額残り2,000万円）＝0円なので贈与税額なし。2年目、1,000万円の贈与をすると、1,000万円－1,000万円（特別控除額残り1,000万円）、3年目1,500万円の贈与をすると、(1,500万円－1,000万円)×20%＝100万円の贈与税額となり、この年で特別控除額を使い切りましたので、以後の年度は贈与財産の価額×20%が贈与税額となります。

これだけを見ると、かなり有力な制度かと思いますが、最後に相続税を計算する際が要点で、相続時精算課税にかかる贈与者（例えば父）が亡く

なったときに、それまでに贈与を受けた相続時精算課税の適用を受ける贈与財産の価額と今回の相続等により取得した財産の価額を合計して算出した相続税額から、すでに納付した相続時精算課税に係る贈与税額（上記の場合100万円）を控除して計算します。

　そうです、最初に見たまさに相続時に精算させる税なのです。ですから、富裕層はこの制度を使ったところで、ほとんどメリットを享受できないのです。

2 相続時精算課税制度のメリットを享受できる場合

　この制度のメリットを享受できるのは、そもそも相続税が出ない方になります。何らかの都合で2,500万円の特別控除額の範囲内で財産を移したいときです。そうすると、この制度内で贈与税を納めることはありませんし、当然相続の際も税金が出ない前提ですので、一気に財産を移すことができるのです。

　さらに、富裕層でもこの制度を使うとすると、年々に財産の価値が上がるようなものを贈与する際に有効となります。

　どういうことかというと、先ほど、相続の際の計算を説明しましたが、相続財産と合算される贈与財産の価額は贈与時の価額となりますので、現在の価額がいくら高くなっても贈与時の価額でいいということになっています。贈与時の価額が100で相続時の価額が1,000だとすると、差額分だけ相続税が少なくなるということになります。

　ただ、バブル経済時代の不動産や経済成長期の自社株などは可能性としてあるかもしれませんが、経済が低迷している現況ではこの制度のメリットを享受できる状況ではありませんので、次のQで説明する通常の暦年贈与で対策をされるほうが無難でしょう（**図表3-27参照**）。

図表3-27　相続時精算課税制度活用のポイント

- 相続税の納税がない場合は活用するメリットがある
- 値上がりが見込まれる財産は相続時精算課税制度を活用する
- 資産をかなり所持している富裕層は相続時精算課税制度はメリットが少ない

Q3-26 相続対策としての生前贈与

生前贈与も相続対策になると聞きましたが、どのように活用すればいいですか。

A　Q3-25の相続時精算課税制度を使った贈与とは異なる、生前贈与の方法を紹介します。現状の相続税の実効税率と贈与税の実効税率の差を使います。

解説

1 暦年課税での生前贈与

　一暦年（その年の1月1日～12月31日まで）で受贈者1人当たり110万円の基礎控除があり、この110万円までの贈与については、贈与税がかからないという制度です。最大のポイントは、この110万円までは贈与税がかからないという点を利用するわけではありません。

　贈与税は相続税の前払い的な性格の税金なので、その税の仕組み上、同じ財産額でも相続税で計算される税金と贈与税で計算される税金は、贈与税のほうが負担が重くなっています。ですから、あまり着目しない方も多いのですが、全体的な相続税と贈与税の実効税率の差を利用するのです。

　仮に相続税の実効税率が25％の方がいたとして、300万円ほど贈与したとすると、その贈与税の実効税率は6％強です。この方法によると、20％程度税率が安くなります。相続の対象となる方が若ければ若いほど、長い間、暦年贈与を繰り返すことによって、相当の財産の移転が可能でかつ、実際の相続税の節税になります。

図表3-28　生前贈与のポイント

- 相続財産がたくさんあるような場合はメリットがある
- 相続開始前3年以内の生前贈与は持戻しされることに注意する
- 被相続人が比較的若いとメリットがある

2 生前贈与のデメリット

　この方法の注意しておくべき点は、相続税の計算上、相続開始前3年以内の贈与については相続財産に戻して計算するという点です（持戻し計算）。せっかく贈与税で節税と思っても、持戻しされてしまってはその効果がなくなります。もちろんに二重課税になるわけではありませんので、納めた贈与税分は相続税の計算上考慮されます。その場しのぎとして暦年贈与しても、結果的に意味がなかったことになるので注意が必要です。

　さらに、この持戻し計算を避ける方法として、孫や相続人の配偶者（相続対象者の養子になっていないことや代襲相続（※）がないことが条件）にこの暦年贈与を使うのです。孫や当該配偶者は法定の相続権はありませんから、遺贈で財産を相続させなければこの持戻し計算はありません。ただし、こちらもやみくもに行うと、だれがたくさん財産をもらっただのという争いになりかねないので、注意が必要です（**図表3-28**参照）。

(※) 代襲相続とは、被相続人が亡くなる前に、相続人になるはずだった者が死亡などにより相続権を失ったときは、その者の子どもや孫が代わりに相続することをいいます。

【例】被相続人（祖父）
　　　　　├──父（祖父の死亡前に亡くなっている）
　配偶者（祖母）　├──孫 ← 父の代わりに相続する
　　　　　　　　　母

第6節 事業承継と生命保険

Q3-27 生命保険を活用して財産を次世代に引き継ぐ方法

現状のままですと、相続税を納めるために、先祖代々守ってきた財産を切り売りしないといけません。生命保険を使えば財産を守れると聞いたのですが、いったいどのようなことでしょうか。

A 相続で受け取った生命保険金で相続税を納めることで、先祖代々守ってきた財産を守ることができます。ただし、受け取った生命保険金も財産に加味されるので、事前にしっかりとシミュレーションすることが必要です。

解説

1 相続対策を行わないと…

相続が発生するたびに、相続税を差し引かれると財産が減っていきます。何の対策も行わずに相続が数代に渡り続くと、財産が減少します。

2 生命保険を使えば財産を減らさず守れる

相続税分だけ、生命保険に加入しておけば、財産を残すことができます。これが生命保険で相続財産を残す方法です。

注意点としては、生命保険金は「みなし相続財産」と言われ、相続財産

図表3-29

何も対策を行わないと…

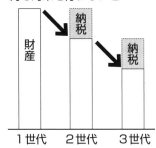

生命保険を使えば財産をまるまる残せる

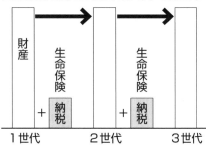

の一部になりますので、相続財産が増えることとになります。財産が増えた分、税額も増えますので、それを見込んだ額の生命保険金額を算出してください。納税資金を生命保険でまかなうことで、相続財産をまるまる残すことができます（**図表3-29**参照）。

Q3-28 事業承継でも生命保険の受取人が大事

会社経営をしており、自分が亡くなったときの生命保険は妻が受け取るものとして加入しています。子どもたちのためにも加入が必要でしょうか。

A 子のための保険は、相続税の納税資金に充てることができます。特に会社を経営されている場合、自社株の納税資金問題が出ていますので、それを加味し生命保険に加入するか考えられるとよいと思います。

解説

1 生命保険加入の目的

どのような目的で生命保険に加入されたのでしょうか。葬式代など死後の整理資金のためでしょうか。また配偶者の生活費をまかなうためでしょうか。あるいは相続税を支払うためでしょうか。

相続税対策の生命保険に加入されるのであれば、相続税を支払うことになる人を受取人にしておく必要があります。多くの場合、受取人が配偶者になっていますが、果たして配偶者は相続税を多く支払うのでしょうか。配偶者には「配偶者の税額軽減」がありますので、1億6,000万円を超える財産を受け取らない限り、相続税はかかってきません。

2 受取人を明確に

相続発生時に、だれがどの財産を受け取ることになるのかを考えたうえで、生命保険の受取人を設定するのがよいでしょう。

例えば、会社経営者が後継者に相続財産のほとんどを占める自社株を相

図表3-30

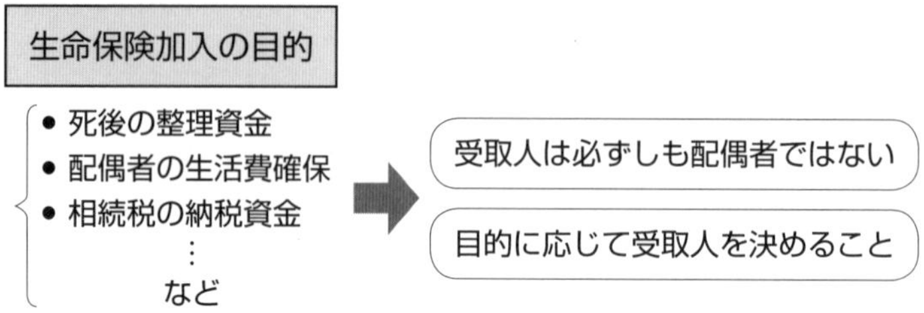

```
┌──────────────────┐
│ 生命保険加入の目的 │
└──────────────────┘
  ・死後の整理資金
  ・配偶者の生活費確保        → 受取人は必ずしも配偶者ではない
  ・相続税の納税資金
         ⋮                    目的に応じて受取人を決めること
         など
```

続する場合、後継者の相続税の納税資金捻出のため、後継者が受取人になっている生命保険があれば納税資金に困ることはなくなるでしょう。流動性がない資産や現金が相続財産にない場合、生命保険金が役に立ちます（**図表3-30**参照）。

Q3-29 事業保障対策の必要性

息子はまだ28歳ですが、近い将来、私の会社を継いでもらいたいと思っています。そのために事業保障対策として生命保険に加入したほうがいいと、保険会社の方から言われたのですが、事業保障対策とは具体的にどのようなことでしょうか。

A 現経営者が急逝すると取引先、借入先、従業員、後継者が混乱をきたします。それにより売上げの低下、利益率の低下、資金繰り悪化が生じてしまいます。事業保障対策の生命保険に適切に加入することで、金銭面での不安をなくすことができます。

解説

1 現経営者が急逝した場合の問題点

　現経営者が突然死亡すると、どのような問題が発生するでしょうか。現経営者の力で対外信用力を勝ち得てきた場合や、現経営者の営業力やセンスで売上げを伸ばしてきた場合、現経営者の死亡により会社の売上げは大幅に低下にするでしょう。金融機関との借入れのやりとりも現経営者が行ってきた場合、また大きく借入れをしているケースであれば、債権者からの資金回収の圧力が強まるかもしれません。売上げは大幅に低下するが固定費が会社の資金面を圧迫します。従業員は不安を感じ、会社を辞めるかもしれません。何も対策なしに経営者が亡くなると、事業が継続できなくなる可能性がでてきます。

図表3-31

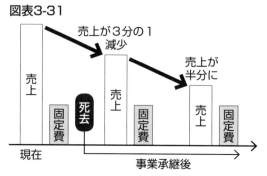

- 銀行・取引先離れが生じる
- 売上が減少し、固定費が資金面を圧迫

2 生命保険が解決してくれる

　現経営者が生命保険に加入しておくと、当面の事業の運転資金が準備でき、後継者が会社を引き継ぎ対外信用を取り戻すまで余裕ができます。後継者の成長度合いによって準備する生命保険金額は異なってきます。後継者がしっかりと育っているケースでは大きく問題はないかもしれません（**図表3-31**参照）。

Q3-30 会社に貸し付けている不動産にも対策が必要

金属加工の会社を経営しています。工場を増築するにあたり、先祖代々受け継いできた土地を活用しようと思っています。会社に土地を貸し付けると相続のときに困ると聞いたことがあるのですが、どのようなことを指しているのでしょうか。

 相続では後継者以外が土地を引き継ぐとなると、会社経営に支障をきたします。だれが土地を引き継ぐのか、いまのうちから考えておくのがよいでしょう。

解説

1 後継者以外が土地を引き継ぐと

経営者が会社に貸し付けている不動産も、経営者が死亡すると相続人が相続することになります。その不動産を引き継ぐのが後継者であれば問題になりません。しかし、後継者以外の相続人が引き継ぐのであれば、問題が起こる可能性があります。

例えば、相続人が会社に対して、家賃の値上げを要求してきたり、納税資金がないからと会社に事業用土地を買い取るよう要求してくるケースがあります。それを会社が承認しなければ、他人に事業用不動産を売却することもあり得ます。そうなってからでは多大なお金や時間をかけて会社が買い戻さないといけなくなります。

2 買取り資金を準備

経営者が亡くなる前に対策を打っておくことが大切です。事前に会社で

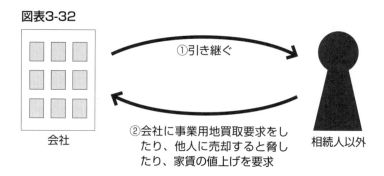

図表3-32

①引き継ぐ

②会社に事業用地買取要求をしたり、他人に売却すると脅したり、家賃の値上げを要求

会社

相続人以外

生命保険を契約することで、経営者の死亡により死亡保険金を会社が受け取り、その資金を元に事業用不動産を買い取ることができます。

逆に生命保険を準備していない場合では、会社にある現金を使わなければいけなくなります（**図表3-32**参照）。

Q3-31 相続で争う原因になる貸付金の対策

会社の運転資金が足りないときに自分の懐からお金を出したことがありました。将来は長男に会社を継いでもらおうと考えていますが、貸付金の解消はどのようにしたらよいでしょうか。

A 解約返戻金がある生命保険であれば、勇退する際に貸付金を解消するための資金になると思います。急逝した場合でも死亡保険金が会社に入りますので、貸付金返済をすることができます。

解説

1 会社に対する貸付金が問題になる

経営者から会社に対する貸付金も相続財産となります。相続財産ですが債権なので、その貸付金を相続した相続人は手元に現金は入ってこないのに相続税がかかってくることになります。会社の後継者以外が債権を相続した場合は、会社に対して貸付金の返済を要求してくることも考えられます。

会社にお金がないから社長が個人資産としての現金を貸し付けているケースが多く、返済要求されたときには返済する資金がないため、相続人と会社がもめることになりかねません。

2 返済資金を生命保険で準備する

死亡受取人が会社である生命保険を、経営者にかけておくことにより、経営者が死亡した場合には会社に死亡保険金が入り、その一部を貸付金返済に回すことができます。

また、保険の種類によっては解約返戻金が貯まるものがあります。そのような保険では、経営者が勇退する際に、生存退職金と合わせて貸付金返済資金の準備も可能です。

貸付金 ＝ 相続財産

Q3-32 連帯保証債務が残っている場合

金融機関より借り入れた債務が連帯保証付きで残っています。まだ全額すぐに返済できる見込みは立っていないのですが、社長である私が亡くなると、連帯保証債務はだれに渡るのでしょうか。

連帯保証債務は、相続人に引き継がれます。しかも相続放棄をしても連帯保証債務は残りますので注意が必要です。

解説

会社が借りたお金に経営者自身が連帯保証人になっている借入金がある場合、連帯保証債務は消滅しません。経営者の遺族に、法定相続分に従って引き継がれます。連帯保証債務は、経営者が死亡した時点では確定していませんので（会社が破綻して初めて債務が確定します）、プラスの財産からマイナスの財産を差し引いて計算する債務控除の対象にはなりません。

連帯保証債務の解消には、死亡保険金受取人が会社の生命保険に加入することが効果的です（**図表3-33**参照）。

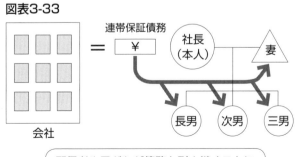

図表3-33

配偶者や子どもが債務を引き継ぐことに

Q3-33 退職金準備に生命保険を使うメリット

経費で落とせるから生命保険で役員退職金を準備したほうがいいと、顧問税理士より言われました。後継者の育成と同時に、社長である私の退職金を積み立てようと考えていました。そもそも生命保険で役員退職金を準備するメリットは何でしょうか。

A 生命保険では掛け金の一部を損金算入できるメリットもありますが、それ以外には死亡退職金と生存退職金の両方を準備できる点、勇退時に現物支給することにより相続対策にもなる点、解約や貸付けにより緊急予備資金対策になる点が挙げられます。

解説

1 役員退職金の準備は生命保険でもできる

生命保険では、死亡退職金と生存退職金を同時に準備することができます。特に死亡退職金については生命保険の特性上、加入後すぐに経営者が亡くなった場合でも、ご家族に退職金や弔慰金を支払うことができます。

次に、生存退職金として、勇退時に生命保険を解約し現金に換えて支払うだけでなく、生命保険契約の全部または一部を現物支給することができます。勇退時に体況上の理由から保険に入ることができなくなっている場合が往々にしてあります。現物支給することにより、経営者個人の相続税対策や、遺産分割対策に向けて、準備することも可能です。

2 急な資金繰りにも対応できる

また、解約返戻金や契約者貸付の機能がありますので、急な会社の資金

繰りなどに使うこともできます。
　そして最後に、生命保険の種類によって、掛け金の一部が損金算入できる保険もあります。

Q3-34 自社株買取りができないケース

先代が亡くなったときに自社株が家族に分散してしまいました。分散を解消するため、自社株買取りを試みたのですが、分配可能額がないので買い取れないと顧問税理士から言われました。分配可能額など自社株買取りの要件を教えてもらえないでしょうか。

 自社株買取りには「剰余金分配可能額」と「買取り資金」が必要です。

解説

1 「剰余金分配可能額」と「買取り資金」の問題

平成13年10月1日の商法改正より、企業は目的を問わず自社株を取得・保有することができるようになりました（企業が手元に自社株を置いておくので、「金庫株」と呼ばれます）。

しかし、自社株取得は剰余金の分配と位置付けられるので、剰余金分配可能額の範囲内でないと買い取ることができません（つまり株主に配当を支払うのと同様に、株主に利益を還元するという意味合いがあります）。また自社株取得には買取り資金が必要になってきます。要は、「剰余金分配可能額」と「買取り資金」がないと買い取ることができません（**図表3-34**参照）。

2 解決策

生命保険では、「剰余金分配可能額」と「買取り資金」の両方を一度につくることができます。

図表3-34

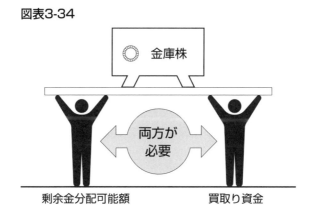

　契約者を法人、被保険者を経営者、受取人を法人、とする契約形態での生命保険に契約します。

① ケース１：100％株主の経営者が亡くなり、自社株が法定相続人に分散した場合、法人で自社株を買い取る場合
② ケース２：非同族の株主から、法人で自社株を買い取る場合（生前金庫株と相続金庫株の違い）

Q3-35 法人で死亡保険金を受け取るときの注意点

先代社長が亡くなったときに受け取った生命保険金が、思いのほか手元に残る現金が少なく、借入金を全額返済できず困ってしまいました。法人で死亡保険金を受け取るときの注意点は何でしょうか。

 死亡保険金は益金になりますので法人税支払いを加味し、会社に残したいお金を計算しておくことが大事です。

解説

1 税金がかかることを考慮する

　経営者が死亡したときに会社が受け取る死亡保険金は、法人税を加味した金額にしておくことが大事です。なぜなら死亡と同時に自社株買取りが完了するわけではなく、会社に死亡保険金が益金として入ってくると法人税が控除され、最終的に会社に残るお金が少なくなるからです（**図表3-35**参照）。

2 年金支払特約も有効

　経営者が亡くなったときの生命保険金には、一括で受け取るケースと、分割で、何年間かに渡り受け取るケースがあります。例えば、5年間に渡り分割して受け取ると、5年間の売上げを保証することになります。

　年金支払特約を生命保険に付加しておくことで、分割受取りが可能になります。

　注意点としては、この特約を経営者が亡くなった直後に付加しても、毎年の課税になりません。事前に付加しておくことが大切です。

図表3-35

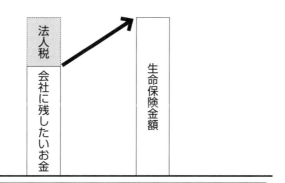

会社にいくら残したいかを加味し、生命保険金額を決定するとよい

Q3-36 生命保険で生前贈与にさらなるメリットを

会社を経営している父親が、毎年われわれ子どもたちに銀行貯金をしてくれています。保険会社外交員から「銀行に貯金をするのであれば、生命保険で積み立てるほうがメリットありますよ」とアドバイスされました。生命保険での積立ては、具体的にどのようなメリットあるのでしょうか。

A 親から毎年受け取っているお金は、生前贈与になります。お金をすぐに使う予定がなければ、被保険者を親の生命保険に加入することで、親が亡くなったタイミングで子どもに死亡保険金を渡すことができます。保険種類によりますが、貯金よりも多くのお金を受け取ることができます。

解説

1 生前贈与のメリット

Q3-26で説明しましたが、贈与税には、毎年1人当たり110万円までの非課税枠があります。

2 生命保険を使うことのメリット

生前贈与にて被相続人である親から、相続人の子に現金を毎年贈与することで、財産を減らし相続税を減らす効果をもたらします。その現金を生命保険契約することで以下のメリットが生まれます。

① メリット1：生命保険は「契約者：子ども（孫）、被保険者：親、受取人：子ども（孫）」で契約し、毎年の掛け金を親から子ども（孫）に贈与することにより、親が亡くなったときに子ども（孫）に死亡保

険金を渡すことができます。その保険金を元に、相続税の納税資金に充てることができます。

② メリット2：「現金をそのまま渡すと子どもが無駄使いしないか心配」することになりますが、生命保険の契約であれば、現金ではないのでお金に契約という形でロックをかけておけます。

③ メリット3：「貯金は三角、保険は四角」と言われます。親が子に現金を毎年贈与し渡せるのはその現金の総額ですが、メリット2の生命保険契約形態で贈与することで、贈与を始めて数年で親が亡くなったときには、生命保険金として子にはより多くのお金を残すことができます。

Q3-37 生命保険、個人か法人か

プレス加工の会社を経営しています。会社の自社株や事業用資産を後継者として考えている長男に継がせようと、遺言を作成しました。会社後継者の相続税納税資金を生命保険で準備できるのでしょうか。

準備できます。社長個人で保険に入るのか、会社が法人契約で入るのか、状況に合わせて考えるとよいと思います。

解説

1 自社株が足かせになる

Q3-1で説明しましたが、中小企業の非上場企業の株式は、市場で流通しませんので、もらった自社株をおいそれと売却することはできません。

また、自社株を他人に譲ることで、会社の経営権がおびやかされる問題があります。

2 生命保険はケース・バイ・ケースで（個人契約か法人契約か）

相続発生時は、後継者は経営権の確保のため、大部分の自社株を受け取ることになります。現経営者が個人で生前に生命保険に加入し、「被保険者：現経営者、受取人：後継者」とすることで、相続税納税資金を後継者が受け取ることができます。また、現経営者が生前に法人で「被保険者：現経営者、受取人：法人」とする生命保険に加入しておくことで、現経営者が亡くなると保険金が法人に入ってきますので、その保険金をベースに、後継者のもつ自社株の一部を買い取り、後継者に会社から納税資金を渡すことができます（**図表3-36**参照）。

図表3-36

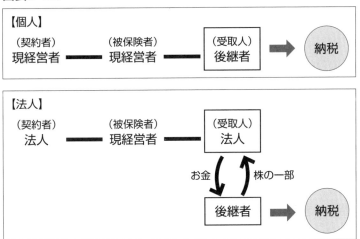

Q3-38 後継者のライフプランニング

事業を継いでほしい長男には、しっかり経営をしていってほしいし、私の父親が設立した会社を100年は続けてほしい。長男には今後の経営についてどのように考えてもらえばよいのでしょうか。

A 会社の将来、そして後継者個人の将来、両方を考える時間をまず取ることが大事です。周りにアドバイスできる専門家がいれば、ブレーンとして相談するのもよいかと思います。

解説

1 会社と個人それぞれのビジョン

先代から会社を引き継いだとき、3年後、5年後、さらにその先、会社をどのような姿にしていきたいのか、会社の姿（ビジョン）を考えられたと思います。法人には寿命はありません。経営者が次の世代、その次の世代へとバトンをつなぐことで、数十年でも数百年でも続きます。
一方で社長自身は人間ですから命に限りがあり、その限られた時間の中で生き方や価値観に基づき、夢や希望を叶えていくようなライフプランニングをつくることが大事になります。

2 後継者が20代であれば

20代の後継者であれば、結婚するのか独身でいくのか、出産はいつするのか、検討する必要があります。自分の収入・支出をしっかり把握し、自身の家計管理を行う生活習慣を、この時期に身につけておくことが大事になります。

図表3-37

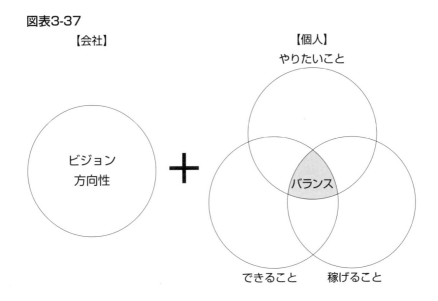

3 後継者が30代であれば

　後継者が30代であれば、出産や住宅購入が重要なテーマになります。住宅については自分で購入・賃貸するのか、社宅を使うのか、後継者であれば検討できる項目です。結婚して配偶者がいたり、子どもが誕生した場合には、収入の担い手である社長が死亡した場合のリスクに備えて生命保険に加入することも考えないといけません。子どもができれば、会社の後継者としたいのかなどを考えて、教育方針を決めないといけません。

　会社のトップとして事業の方向性を考えると同時に、一家の主として、自分の「やりたいこと」、「できること」、「稼げること」、それぞれのバランスを考えながら、ライフプランニングをつくるのがよいと思います（**図表3-37**参照）。

第3章 "財産"を円満に引き継ぐ

第7節 事業承継と税制改正

Q3-39 平成29年度税制改正──事業承継に関する論点

先般、平成29年度税制改正大綱が公表されましたが、事業承継や相続税に関する部分はどのような内容になっていますか。

A 今回の税制改正では、「非上場株式等に係る相続税・贈与税の納税猶予制度の見直し」、「未上場株式の評価の見直し」、「国外財産に対する相続税等の納税義務の範囲についての見直し」が行われることとなりました（**図表3-38参照**）。

解説

1 納税猶予制度の見直し

Q3-13で説明しました「自社株の納税猶予」という制度について、このたびの改正で、以下のような措置を講じることとなりました。

- 災害等の発生前に相続または贈与により非上場株式等を取得し、円滑化法の認定を受けている会社は、災害等により受けた一定の被害の態様に応じ、その認定承継会社の雇用確保要件の免除等をするとともに、これらの被害を受けた会社が破産等した場合には、経営承継期間内であっても納税猶予を免除する─→災害時等においては雇用確保要件を緩和することとなりました。

図表3-38　改正論点のまとめ

- 非上場株式等に係る相続税・贈与税の納税猶予制度の見直し
- 未上場株式の評価の見直し
- 国外財産に対する相続税等の納税義務の範囲についての見直し

- 相続時精算課税制度に係る贈与を、贈与税の納税猶予制度の適用対象に加える⟶相続時精算課税制度との併用を認めることとなりました。

2 未上場株式の評価の見直し

Q3-2で説明しました「取引相場のない株式の評価」については、このたびの改正で、以下のような措置を講じることとなりました。

- 配当金額、利益金額および簿価純資産価額の比重について⟶今まで「1：3：1」だったものを「1：1：1」とすることになりました。

3 国外財産に対する相続税等の納税義務の範囲の見直し

Q3-21で説明しました国外財産に対する相続税等の納税義務の範囲について、このたびの改正で、以下のような措置を講じることとなりました。

- 国内に住所を有しない者であって、日本国籍を有する相続人等に係る相続税の納税義務について、国外財産が相続税の課税対象外とされる要件を、被相続人等および相続人等が相続開始前10年以内のいずれかのときにおいても国内に住所を有していたことがないこととする⟶相続人または被相続人が10年以内に住所を有する日本人の場合は、国内および国外双方の財産を課税対象とすることになりました。

"経営権"を円満に引き継ぐ

第1節 経営権を引き継ぐとはどういうことなのか

Q4-1 会社の種類と引継方法

私は、30年間経営してきた会社をだれかに譲り、引退したいと思っています。どのような方法があるのでしょうか。

A 経営されている会社が、株式会社か、株式会社以外の会社か、さらには、個人事業なのかによって、経営の引継方法は異なります。株式会社の場合は「株式の譲渡」、株式会社以外の会社の場合は「社員権の譲渡」、個人事業の場合は「事業用の財産の譲渡」という方法で、会社の経営を引き継ぎます。

解説

1 「経営権を引き継ぐ」ということ

「経営権を引き継ぐ」とは、すなわち、会社を経営していく権利を引き継ぐことを言います。皆さんが、日々会社に出社して、従業員に指示したり、取引先との重要な契約の決済を行い、会社を経営していく権利を引き継ぐことを言います。

では、「経営権を引き継ぐ」方法は、会社の種類によって、異なるのでしょうか (**図表4-1参照**)。

図表4-1

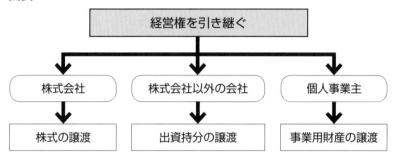

2 株式会社の場合

　株式会社の場合、「経営権を引き継ぐ」とは、原則として、株式を譲渡することを意味します。より正確には、株主総会における議決権を有する株式を譲渡する方法です。

　株式会社では、株主総会が、意思決定の最高機関とされており、取締役の選任も株主総会決議とされています。

　そして、株主総会における議決権は、株式数に応じて付与されるため、株式数の過半数の株式を有する者が、株主総会における決定権、すなわち、会社の取締役を選任する権利を有するのです。

　そのため、株式を公開していない株式会社では、過半数の株式を有する株式を保有している者が、実質的には、会社の経営権を有しており、この株式を譲渡することで、会社の経営権を引き継ぐことができるのです。

　一方で、会社法では、「所有と経営の分離」というルールが存在します。この点も含め、詳しくは、Q4-2をご参照ください。

3 株式会社以外の会社の場合

　次に、株式会社以外の会社の場合、「経営権を引き継ぐ」とは何を意味するのでしょうか。

株式会社以外の会社、すなわち、有限会社、合名会社、合資会社、合同会社においては、原則として、出資の持分に応じて、会社の意思決定が行われ、取締役が選任されます。そのため、これらの会社において「経営権を引き継ぐ」とは、出資持分の譲渡することを意味します。詳しくは、Q4-3を参照ください。

4 個人経営事業の場合

最後に、個人経営で事業を行っている場合、「経営権を引き継ぐ」とは何を意味するのでしょうか。

個人事業主の場合、会社は、ご自身の名前で行っているのですから、事業の意思決定権は、その方自身にあり、事業用の資産もその方自身が所有しているはずです。その場合、「経営権を引き継ぐ」とは、ご自身が経営を引き継がせたい方に、事業用の財産を譲り渡すことで、引き継いだ方が事業を行える状況においてあげるだけで足ります。

ただし、その場合でも注意すべき点があります。詳細は、Q4-4を参照してください。

第1節 経営権を引き継ぐとはどういうことなのか

Q4-2 株式会社における経営権の引継方法

30年前に父親から会社を引き継いだのですが、私が株式の60％を有しており、残りは姉が20％、弟が20％を保有しています。事業を息子に引き継がせたい場合、どのような方法がありますか。

ご自身が保有されている60％の割合の株式をすべて息子さんに譲渡することで、息子さんが会社の経営権を獲得することができます。

解説

1 株主総会

株式会社の最高意思決定機関である株主総会は、株式会社における重要事項の決定権限を有します。

普通決議といって、過半数で議決されるものには以下のものがあります。

- 自己株式の取得（会社法第156条第1項、以下「会156①」などと略す）
- 総会検査役の選任（会316①）
- 業務財産検査役の選任（会316②）
- 延期・続行決議（会317）
- 役員の選解任（会329①、341）
- 会社と取締役との間の訴えにおける会社の代表者の選定（会353）
- 会計監査人の出席要求決議（会398②）
- 計算書類の承認（会438②、441④）
- 減少額が分配可能額より少ない場合の資本金の額の減少（会447①）

- 準備金の額の減少（会448①）
- 資本金の額の増加（会450②）
- 準備金の額の増加（会451②）
- 剰余金の処分（会452）
- 剰余金の配当（会454①）
- 株主総会議長の選任
- 株主総会の議事運営に関する事項の決定

先に述べた取締役の選任、選任もこの普通決議になります。

また、特別決議といって、3分の2以上、または、4分の3以上で議決されるものには以下のものがあります。

- 譲渡制限株式の買取り（会140②）
- 特定株主からの自己株式の取得（会156①、160①）
- 全部取得条項付種類株式の取得（会171①）
- 譲渡制限株主の相続人に対する売渡請求（会175①）
- 株式の併合（会180②）
- 募集株式・募集新株予約権の発行における募集事項の決定（会199①、238②）
- 募集事項の決定の委任（会200①、239①）
- 株主に株式・新株予約権の割当を受ける権利を与える場合の決定事項の決定（会202③四、241③四）
- 累積投票取締役・監査役の解任（会339①、342）
- 役員の責任の一部免除（会425①）
- 資本金の額の減少（会447①）
- 現物配当（会454④）
- 定款の変更（会466）
- 事業譲渡の承認（会467）
- 解散（会471③）

- 解散した株式会社の継続（会473）
- 吸収合併契約・吸収分割契約・株式交換契約の承認（会783①、795①）
- 新設合併契約・新設分割計画・株式移転計画の承認（会804①）

このように、株主総会では、株式会社における重要事項のほとんどが決定されるのです。

したがって、株式会社において、経営権を取得するためには、株主総会において、上記の事項を決定するために必要な議決権を獲得することが必須です。

2 議決権

では、この議決権とはどうやって取得するのでしょうか。

会社法上、株主総会の議決権は、株式数に応じて割振られます。そのため、株主総会において、議決に必要な議決権を確保するためには、株式を取得する必要が有ります。

ただ、単に株式を取得すれば、必ず議決権を取得できるわけではありません。

会社法上、議決権のない株式の発行が認められえています。これは、会社の経営に興味のない、単に配当だけが目当ての者もおり、株式の種類もニーズにあわせて多様な内容が可能となっているのです。

そのため、経営権を引き継がせたい場合、引き継がせる株式が議決権を有する株式か否かを十分確認する必要があります。

3 株主総会の招集

このように株式を取得すると、株主総会を招集する権限、議案を提案する権限等も付与されます。以下は、株式数に応じて認めらえる権限です。

① 株主総会における議決権（会105①三）

② 株主総会招集権（会297）
③ 株主提案権（会303、305）
④ 株主総会招集手続調査のための検査役選任請求権（会306）
⑤ 累積投票請求権（会342）
⑥ 役員解任請求権（会854①）
⑦ 代表訴訟提起権（会857等）
⑧ 取締役・執行役の違法行為差止請求権（会360、422）
⑨ 解散請求権（会833①）　など

　通常であれば、事業承継に際して、経営権を引き継がせたい現経営者が、株主総会を招集し、新経営者を取締役に選任するなどの手続きをとることが通常ですが、会社法上は、株式を取得したものは、自ら株主総会を招集して、さらに、自らを取締役に選任させるよう議案を提案する権限を有するのです。

　これは、逆の意味では、脅威になりえます。すなわち、過半数の株式を引き継がせることが必要であり、本件では、姉と弟がそれぞれ20％の株式を有していますので、可能な限りご自身が有する60％の株式すべてを確実に新経営者に譲渡しておかないと、他の株主から株式総会を招集され、他の取締役を選任されかねないことを意味します。

4 取締役会

　このようにして株主総会で取締役に選任されたのち、取締役会において、代表取締役を選任します。取締役会の議決は、頭数による多数決によって決定されます。

　そのため、取締役が複数名いる場合には、新経営者を代表取締役に選任するにあたっては、少なくとも過半数の取締役の承諾を取り付けておく必要があります。

　なお、取締役会は、代表取締役の選任、解任権を通じて、代表取締役の

図表4-2

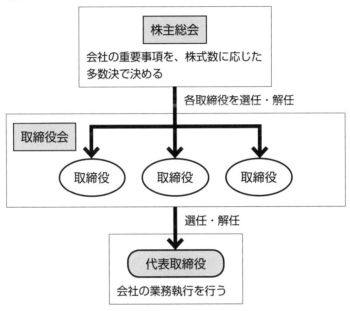

業務執行を監督する権限を有します。

5 代表取締役

　取締役会において、代表取締役に選任されたのち、新経営者は、会社を代表して、業務執行を行うこととなります（**図表4-2**参照）。

Q4-3 株式会社以外の会社の経営権の引継方法

私は引退して、有限会社を部下に引き継がせたいと思っています。どのような方法があるのでしょうか。

 有限会社では、出資持分を部下に譲渡することで経営権を引き継ぐことができます。

解説

1 会社の種類

会社法は、株式会社以外に、合名会社、合資会社、合同会社という会社の形態を定めています。また、従来から存続していた有限会社は、特例有限会社として、存続が認められています。

2 有限会社の事業承継

有限会社は、有限会社法に基づいて設立された会社であり、社員が、その出資額を限度とする有限責任を負うにとどまる点で、株式会社に類似する会社ですが、設立や組織は簡素化されていることから、中小企業に適するとされてきました。

もっとも、会社法の整備に伴い、有限会社法は廃止され、今後新たに有限会社を設立することはできません。ただし、従来の有限会社については、特例有限会社として、有限会社の商号を続用することができ、整備法に基づいて会社法の適用を受けることになります。有限会社の最高意思決定機関は、社員総会です。各社員は原則として出資1口について1個の議決権をもちます。すなわち、議決権は、出資持分に応じて配分されます。

社員総会における議決は、基本的には、総社員の議決権の過半数を有する社員が出席し、出席社員の議決権の過半数をもって決します。かかる社員総会で選任された取締役が会社を代表して業務を行います。

つまり、有限会社では、出資持分を、確実に新経営者に譲渡することが必須となります。

3 その他の会社

合名会社とは、社員の全員が会社債権者に対し、直接・連帯・無限の責任を負う無限責任社員のみによって構成されている会社をいいます。直接の責任とは、個人財産も会社債務の引当てになるということです。無限の責任とは、責任の範囲が出資の価額に限定されないということです。

合資会社とは、無限責任社員と有限責任社員によって組織される会社をいいます。有限責任とは、責任の範囲が出資の価額に限定されるということです。

合同会社とは、有限責任社員のみによって組織される会社をいいます。

このような会社では、株主総会や社員総会に相当する機関は存在しません。原則として、各社員が特別の選任行為なくして当然に業務執行機関となり、業務執行の権限と義務を負いますが、定款で定めれば、一部の社員のみを業務執行社員とすることもできます。業務執行社員が数人いるときの意思決定は、その頭数の過半数によって定めます。

これらの会社の意思決定は、業務執行社員の頭数の過半数を支配することで、コントロールできることになります。つまり、これらの会社の経営権を引き継ぐにあたっては、他の業務執行社員との間での合意が必須となります（**図表4-3**参照）。

図表4-4

```
┌──────────┐  ┌────────┐ ┌────────┐ ┌────────┐
│ 特例有限会社 │  │ 合名会社 │ │ 合資会社 │ │ 合同会社 │
└────┬─────┘  └───┬────┘ └───┬────┘ └───┬────┘
     │            └──────────┼──────────┘
     ▼                       ▼
┌──────────────┐    ┌──────────────────┐
│   社員総会    │    │ 業務執行社員の頭数の │
│出資持分に応じた議決権│    │ 過半数によって決定 │
│で多数決により決定  │    └──────────────────┘
└──────────────┘
```

Q4-4 個人経営事業の経営権の引継方法

個人で経営してきた法律事務所を後輩の弁護士に引き継がせたいのですが、どのような方法があるのでしょうか。

 個人経営の法律事務所を承継するためには、1つ1つの財産、債権、債務を確実に新経営者に引き継がせることが必要です。

解説

1 個人経営事業主の事業承継の特徴

商店、美容院、法律事務所、税理士事務所など、法人化していない事業主体は多く存在します。このような事業主体を経営する経営者は、どのような方法で、その経営権を新経営者に引き継がせることができるのでしょうか。

個人経営の事業主体においては、事務所の備品等の事業用財産や、債権債務はすべて現経営者に帰属しています。

そのため、経営を承継するためには、1つ1つの財産、債権、債務を確実に新経営者に引き継がせることが必要です。

この点が、事業用財産や債権債務が会社自体に帰属する会社の承継の場合との大きな差異です。

2 個人経営事業主の事業承継の注意点

1つ1つの財産、債権、債務を確実に承継させるためには、以下の点に注意が必要です。

(1) 事業用財産

　事務所の机、コピー機、パソコン、自動車などの事業用財産を引き継ぐ場合には、本当に、現経営者の所有物かを確認する必要があります。

　すなわち、コピー機、パソコンは、リースで借りている場合もあり、また、自動車は、現経営者の家族の名義になっていることがあります。

　これらの物品が現経営者のものか否かを確認したのち、物品をすべてリスト化し、売買契約書に添付することで、明確に新経営者に承継させる必要があります。

(2) 債権

　決算書上、債権があったとしても、本当に債権額全額を回収できるのかを十分検討したうえで、債権の価値を算定する必要があります。また、時効により消滅している場合もありますので、消滅時効の確認が必要です。

　また、民法上、債権を譲渡した場合には、現経営者から、債務者に対して債権譲渡通知を送付しなければ、当該債務者に対して、譲渡の効力を主張できません。仮に、現経営者から、債務者に対して、債権譲渡通知を出す前に、債務者が弁済してしまった場合、債権を譲り受けていた新経営者は、債務者に対して、自らに支払えとは言えなくなってしますのです。

(3) 債務

　民法上、債務を譲り受ける場合には、債権者の承諾が必要です。債権者は、現経営者を信頼して、金銭を貸し付けたにもかかわらず、これを勝手に、新経営者に対して譲渡されてはこまるということから、このような規定が置かれています。

　なお、実際には、個人事業の引き継ぎにおいて、もっとも問題となるのは主要取引銀行との関係です。主要取引銀行に対しては、現経営者と新経営者が事前に相談におもむき、事業用債務の支払いについて、引継ぎの可否、時期について綿密な打合せが必要です（**図表4-5**参照）。

第 1 節　経営権を引き継ぐとはどういうことなのか

図表4-5

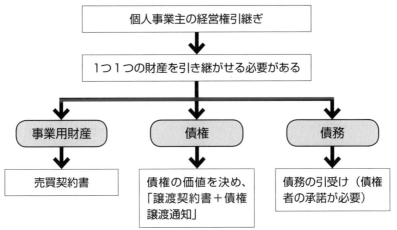

第2節 経営権をだれに引き継がせるか

Q4-5 会社の引継相手と引継方法

現在経営している株式会社を長男に引き継ぎたいと考えていますが、本人は継ぎたくないと言っています。そのため、従業員に引き継がせるか、または第三者に売却することも視野に入れています。それぞれどのような違いがあるのでしょうか。

 長男に引き継がせる場合は相続により株式が承継されますが、第三者に会社を引き継がせたい場合は、原則として株式譲渡契約書の締結が必要です。

解説

1 引き継ぐ相手

家族経営の会社における多事業承継の場合、会社を子などの家族に引き継ぐケースが大半です。しかしながら、事情があり家族に引き継げない場合、会社の従業員またはまったくの第三者に引き継がせることを検討しなければなりません。

この場合、それぞれ引継ぎの方法は異なるのでしょうか。

2 家族・親族に引き継がせる場合

　家族や親族に引き継がせる場合、生前に株式を譲渡する方法のほか、相続によって引き継がせることができます。具体的には本章第3節以下に記載しますが、現在の経営者が死亡すると同時に相続が発生します。

　相続時には、法定相続分に従って、財産と同様に株式も分割されます。ただし、この場合、株式分散のリスクが伴いますので、遺言書等の作成をおすすめします。

3 会社の役員や従業員に引き継がせる場合

　家族・親族ではなく、会社の役員や従業員に会社を引き継がせる場合は、株式譲渡契約書を締結し、株式を取得させることが考えられます。

　方法としては、存命中に株式譲渡契約書を締結すること、また、死亡と同時に引き継がせる方法として、遺贈、死因贈与という方法も考えられます。

4 第三者への売却

　第三者に引き継がせる方法も考えられます。

　これは、いわゆる「M&A」という手法で、第三者に会社の株式を正当に評価してもらい、購入してもらう方法です。

　通常、買い手側が財務監査、法律監査等のデューディリジェンスを行い、会社の価値を判断します。近年では、会社を売る側においても会社の価値を正当に提示する手法が必要であると言われています（**図表4-6**参照）。

図表4-6

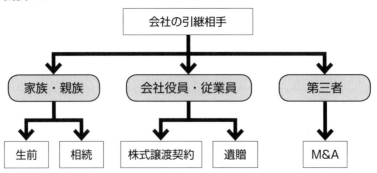

Q4-6 家族・親族への引継方法

会社を2人の息子のうち、長男に引き継がせたいのですが、どのような方法がありますか。

 長男に確実に引き継がせるためには、「生前贈与」による方法と、「遺言書」によって承継させる方法があります。

解説

1 家族・親族への承継

今般の事業承継の多くのケースは、家族および親族への承継です。この場合、会社の従業員や取引先との間でもスムーズな承継が期待されるため、よく取り入れられている手法と考えられます。この家族・親族への承継の方法として、生前贈与としての株式譲渡契約または遺言書による遺贈が考えられます（**図表4-7**参照）。

2 生前贈与

生前贈与の場合は、相続人間に不均衡があり、例えば長男のみに会社株式を生前贈与させ、最終的に遺産がほとんどなかったという場合、次男から不満が出ることがあります。

生前の贈与であっても相続分の先渡しとして「持戻し」という手続きが取られ、その4分の1の価値を次男が遺留分減殺請求として、長男に対して金銭の支払を請求することが考えられます。このようなリスクを避けるためには、「持戻しの免除」という手法が考えられます（Q4-11で詳述します）。

図表4-7

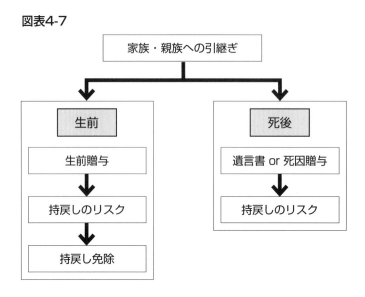

3 遺言による承継

　現経営者の死亡時に、家族および親族に会社の株式を承継する方法があります。株式の分散を避けるべく遺言書または死因贈与契約により会社の株式を特定のだれかに相続させるという方法です。

　詳細はQ4-10を参照いただきますが、この場合においても会社を承継できなかった者から遺留分減殺請求の主張がされることがありますので、そのための引当金をどのように確保するのかが課題となります。

Q4-7 会社の役員・従業員への引継方法

私には子がおらず親族に会社を引き継がせることができないため、従業員の中から優秀な社員を選び、経営権を引き継がせたいと考えていますが、どのような方法があるのでしょうか。

 会社の従業員に経営権を引き継がせるには、現経営者が元気なうちに、生前の株式譲渡をおすすめします。

解説

1 従業員への引継ぎ

会社の従業員への引継ぎの場合も、家族・親族の場合と原則として変わらず、生前の株式譲渡契約を交わすか、または死亡時において遺言または死因贈与により株式を譲渡する方法があります。

引継相手が会社の役員である場合には、すでに株式の何割かを保有していることがありますが、その場合は会社の経営権の確保の観点から、必要な限度での株式を譲渡することで支配権を取得することができるため、現経営者のすべての株式を譲渡することが不要となるケースもあります。

2 家族・親族への承継との違い

一方、家族・親族への引継ぎと異なる点として、他の役員・従業員との間に不公平感が生まれることが考えられます。したがって、遺言書や死因贈与ではなく、現経営者が元気なうちに、株式を譲渡することをおすすめします。

なお、遺言書や死因贈与契約においても、付言をすることで現経営者の

図表4-8

家族・親族への引継ぎ	会社の役員・従業員への引継ぎ
生前・死後を問わず、持戻しによる遺留分減殺請求への対応を重視すべき	特定の役員・従業員への引継ぎは、他の社員との間に不公平感が出てしまう ↓ 現経営者が元気なうちに、引継ぎをすることをおすすめします

意図や意向を死亡後も明確にメッセージとして残す方法はあります（**図表4-8参照**）。

Q4-8 第三者への引継方法

私には息子が2人いますが、まったく別の業界で活躍しており、私の会社を引き継がせるつもりはありません。会社を正当な価格で購入してくれる第三者に売りたいと考えていますが、どのような点に気をつけるべきでしょうか。

A 部外者の第三者に会社を売却する場合は、M&Aによる手法を利用することになりますが、その際に最も注意すべきことは、会社の情報を不当に隠さないことです。

解説

1 M&Aとは

M&Aとは、会社の株式を全部または一部譲渡することで、会社自体を第三者に売却することを言います。株式の対価を算出するに当たり、購入者は専門家に依頼して数か月にわたり会社の実情の調査を行います。それに先立ち、売り手側は、会社の情報を包み隠さず開示する必要がありますが、開示した内容の情報を外部に漏洩しないよう秘密保持契約を含む基本合意契約書を締結することが基本です。

このように、会社の実情の調査を経て会社の株式の対価が算出され、両社が合意に至った場合に会社の株式を第三者に売却することによって、経営を引き継ぐという手法です（**図表4-9**参照）。

2 M&Aの手法を利用するために

M&Aによる手法を利用するには、まず買い手を探す必要があります。

図表4-9

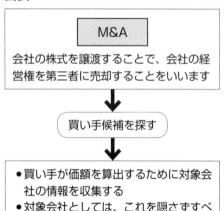

M&Aの買い手を探すに当たっては、M&A専門の仲介会社、証券会社または取引先銀行等に相談し、探してもらうのが一般的です。買い手候補が見つかった後に、会社の情報開示とその精査（デューディリジェンス）が行われますので、少なくとも数か月の期間が必要となります。そのため、十分な時間的猶予をもってスケジューリングをする必要があります。

3 会社の情報の開示

　会社の情報を買い手候補に開示する場合には、不利益な情報を不当に隠した場合、事後的に契約が無効とされ、損害賠償を請求されたり、場合よっては詐欺であると評価されることがありますので、注意が必要です。

第3節 相続・家事手続を通じて事業を引き継ぐ

Q4-9 相続・家事手続での引継方法

私の死亡と同時に、会社を長男に引き継ぎたいと思っています。私の財産は自宅の土地建物、銀行預金のほかに、会社の株式があります。相続人は妻と2人の息子です。兄弟間が会社の経営権争いでもめないよう、いまから対策を立てておきたいと思っていますが、どのような方法があるのでしょうか。

A 長男への相続・家事手続を利用した引継方法としては、まず、遺言書の作成が考えられます。また、生前贈与した場合にも、相続時に影響があります。成年後見制度の知識を持っておく必要もあります。

解説

1 相続とは

会社の経営権の承継の手段の1つとして、相続を利用する方法があります。相続とは、亡くなった方のすべての財産上の権利が、死亡と同時に、相続人らに引き継がれることをいいます。

亡くなる前に、特段の対策を取らない場合、妻2分の1、長男4分の1、次男4分の1という割合ですべての財産が相続されます。この場合、自宅の土地建物は、この持分割合で3名の共有となります。また、銀行預

金と会社の株式は、妻2分の1、長男4分の1、次男4分の1の割合で分けられることになります。しかしその場合、株式が分散してしまうため、長男が会社の経営権を確保するにためには、妻と次男からあわせて4分の3の株式を買い取らなければいけなくなります。

このような結果にならないよう、事前に対策を立てる必要があります（**図表4-10**参照）。

2 遺言書の作成

まず、典型的な方法として、遺言書を作成し、長男に対して株式を集中させる方法があります。

もっとも、遺言書が有効となるためには、一定の要件を具備することが要求されていますので、この要件を満たさない場合、いくら長男に株式を相続させることを明記しても、遺言としては効果を有しません。

また、遺言によって、妻や次男に相続される財産が極端に少なくなった場合、妻や次男から長男に対して、遺留分減殺請求がなされることがあります。この場合、せっかく長男が株式を取得しても、そのうちの一定の割合の価値相当分の金額を妻と次男に支払わなければならなくなります。

このように、遺言書による事業承継には、事前に理解しておくべき注意点があります。

詳しくは、Q4-10「遺言する際の注意点」を確認してください。

3 生前贈与

次に、あなたが存命のうちに、長男に株式を集中させるべく、あなたから長男に対して株式を譲渡することができます（生前贈与）。

生前に譲渡することができれば、相続時には株式はあなたの遺産ではなくなりますので、上記で述べた問題は発生しないかもしれません。

ただ一方で、生前贈与は、相続分の前渡し的な要素がありますので、あ

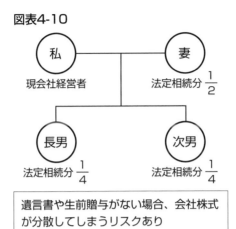

図表4-10

なたが死亡した後、相続人間での遺産分割協議がまとまらない場合、生前贈与の持戻しとして、長男が相続した株式の価値を相続財産の中に加えて、最終的な相続財産を決定していくことになります。

詳しくは、Q4-11「生前贈与の注意点」を確認してください。

4 成年後見手続とは

また、遺言や生前贈与をするタイミングを判断する要素として、あなたに財産を処分する能力が備わっているか、具体的には、事実を認識して判断できる能力が備わっているか、という点が最も大事なポイントとなります。

万が一、物忘れが激しく、上記のような能力がないと判断された場合は、あなたは遺言や生前贈与をすることはできません。成年後見人、任意後見人といった、あなたの代わりになって身の回りのことを判断してもらう立場の者を選任する必要が生じます。

詳しくは、Q4-12「成年後見手続の注意点」を確認してください。

Q4-10 遺言する際の注意点

私は現在、会社を経営していますが、遺言書を作成して長男に会社を引き継ぎたいと考えています。どのような点に注意が必要でしょうか。

①遺言書をどのような形式で作成するのか、②遺留分減殺請求権が発生するのか、③付言をするか、④遺言執行者を選任するか、⑤生命保険を利用するか、といった点に注意が必要です。

解説

1 遺言とは

遺言とは、自らが死亡すると同時にその自らの財産（遺産）を相続人またはその他の者に引き継ぐための方法です。

遺言により死亡と同時に遺産は遺言を受けた者（受遺者）に移転します。そのため、会社を経営されている方は、会社の株式等を引き継ぎたい方がいた場合、遺言をすることでその方にあなたの死亡と同時に引き継ぐことができます（**図表4-11**参照）。

2 遺言の形式

遺言には大きく分けて、「自筆証書遺言」と「公正証書遺言」の2つの形式があります。

(1) 自筆証書遺言

自筆証書遺言は、遺言者がすべてご自身の直筆で書かれる遺言を言います。自筆証書遺言が有効になるためには、ご自身の名前、押印および遺言をした日の日付を記載する必要があります。それと同時に、遺言によって

図表4-11　遺言書作成チェックポイント

①	形式をどう選ぶか？（自筆証書 or 公正証書）
②	遺留分減殺請求への備えは？
③	付言をするか？
④	遺言執行者をつけるか？

相続させたい遺産を明記するとともに（全財産という表示もできます）、だれに相続させたいのかを記載することになります。

しかしながら、自筆証書遺言は、本当に真正に作られたものなのかという疑いをかけられることがあります。亡くなられた方に対して意思確認することができませんので、遺言により財産を取得することができなかった側からこのような疑問が投げかけられ、場合によっては遺言無効確認訴訟を提起されることがあります。

(2) 公正証書遺言

公正証書遺言は、遺言の内容を公証役場において作成してもらい、公証人によって遺言する方の意思確認をしたうえで公証人の署名、押印をいただくという遺言です。全国各所の公証役場にご自身で赴いて作成することになりますが、証人が2人必要となります。

一方で、身体が不自由な場合、公証役場の公証人および職員が自宅に赴いて作成することもできますが、この場合でも証人が必要です。証人は公証役場に相談すれば、推薦してくれることがあります。

このように、公正証書遺言は形式的な手続きが必要であり、また、公証役場に支払う代金が発生することから、手続き的には自筆証書遺言に比べ煩雑です。しかしながら、国の機関で公証人が遺言者の意思を確認したことを証明するものですので、後々になって相続人の他方から遺言の無効を主張されたとしても、有効性について覆る可能性は下がります。

よって、遺言書を作成するに当たっては、公正証書遺言によることをおすすめします。

3 遺言する際にどのような注意が必要か

遺言書を作成することにより、遺言者の死亡と同時にその遺産は遺言書の名宛人（本件の場合は長男）に所有権が移転します。

一方、財産を一切取得できなかった他方の次男としては、遺留分減殺請求権を行使することができます。遺留分減殺請求権とは、本来取得できていた財産（仮に本件で言えば法定相続分である2分の1のさらに2分の1、すなわち相続財産の4分の1）について、長男に対し金銭の支払いを求めることができるという権利です。この権利は、相続が発生したことおよび自らの遺留分が侵害されていることを知ったときから1年以内に行使しなければなりません。遺留分減殺請求の通知は、内容証明郵便等で確実に行うことをおすすめします。

このように、次男から遺留分減殺請求を受けた場合、長男としては遺産の4分の1にあたる金銭を次男に支払う必要が生じます。そのため、遺言者としては長男に遺産の4分の1に当たる金融資産を残しておくことが望ましいといえます。長男は残された4分の1の金融資産を次男に支払うことで、残り4分の3の遺産を保全することができるのです。

4 遺言書の内容

遺言書には通常遺言者の氏名と日付と押印のほか、だれに対していかなる遺産を相続させるのかを記載することになりますが、これに加え「付言」という形でご自身の気持ちを書くことができます。この内容には何ら制限はないため、どのような言葉でも書くことができます。会社を経営された遺言者の方にとっては、改めてご自身の意思としての会社経営の方針を、次世代に残すためにぜひ付言をしておくことをおすすめします。

また、遺言書により遺産を受けられなかった相続人（本件では次男）に対して、なぜ長男にのみ相続させたのかを明確にし、同時に次男に対する配慮の言葉を書くことで、不要な紛争を防止することができます。

5 遺言執行者の選任

　遺言書において、明示した遺産の配分を、実際に手続きしてくれる者として、遺言執行者を選任することができます。遺言執行者に指名は遺言書を持って行うとされ、指名された者は、相続が発生したのち、速やかに遺言執行者に就任するか否かを相続人に対して、明示する必要があります。指名された者は、就任に承諾した場合に初めて遺言執行者になり遺言に記載されたとおりの内容の遺産の配分を行う権限が付与されます。具体的には、相続人の確定作業、遺産目録を作成作業を経て、遺言書のとおりの、名義変更手続き、換価手続きを行います。

6 生命保険の活用

　また、契約者を遺言者、被保険者を長男とする生命保険に加入した場合、遺言者が亡くなると同時に長男は生命保険の受取人となります。この生命保険の受取請求権は長男固有の権利ですので、遺産には含まれません。

　その際、生命保険部分を多くしておくことで遺産の総額を減らしつつ、長男に次男から請求される遺留分減殺請求権の支払い分の金額を用意させておくという方法があります。

　このようなことで、遺留分減殺請求に耐えることができる株式を一極集中化させることができるのです。

Q4-11 生前贈与の注意点

私は60歳になりますが、早く会社を2人の息子のうちの長男に引き継いで、悠々自適な老後生活を送りたいと思っています。生前に、長男に会社を引き継がせるために、株式の生前贈与を考えています。具体的にはどのように行うのでしょうか。妻はすでに亡くなっています。

A 長男に生前贈与を行うことで、長男への相続分の先渡しとみなされ、相続時において、持戻し計算をされる可能性があります。その場合には、次男から、遺留分減殺請求がされる可能性があることに注意が必要です。

解説

1 生前贈与

会社を子に引き継がせるためには、現経営者の影響力が残る生前の元気な時期に行うのが最適です。その手法としては、承継させたい子との間で株式譲渡契約を締結する方法です。この場合、正当な対価による売買契約であれば問題はないのですが、対価を伴わない生前贈与の場合には注意が必要です。

生前贈与とみなされた場合、相続の前渡しとして評価され、相続を受けることができなかった他の相続人に遺留分減殺請求権を行使されるリスクがあります。

2 遺留分減殺請求のリスク

生前贈与により株式を取得した者は、現経営者が死亡時において正当な

図表4-12

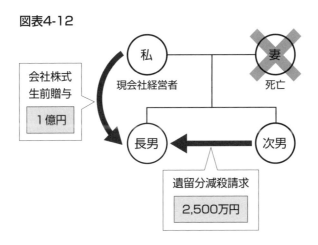

相続分を取得できなかった他の相続人から遺留分減殺請求をさせる可能性があります。

例えば、本件では、長男に対して会社の株式を譲渡しました。この会社の株式の評価額が１億円であったとします。現経営者には他に財産がありませんでした。この場合、死亡時において２人の兄弟のうち相続を受けることができなかった次男は、長男に対して遺留分減殺請求をすることになります。

遺留分減殺請求権の計算は、まず譲渡した１億円分の株式が相続の前渡しであるとして、これを相続財産に持ち戻します。そのため、相続財産は１億円として評価されます。この１億円のうち、次男が取得できたであろう5,000万円の２分の１である2,500万円について、次男は長男に対し金銭での支払いを求めることができるというのが遺留分減殺請求の効力です（**図表4-12**参照）。

3 持戻しの免除

以上のような遺留分減殺請求のリスクをなくす方法としては、生前贈与

の持戻しの免除というものがあります。これは、現経営者が長男に株式を生前贈与するに際し、「これは相続の前渡しではない」という旨の文書を書面で残しておくことで、1億円分の株式は相続の前渡しとはならず、相続財産とみなされません。その結果、遺留分を主張する相続財産はなくなるのですから、次男は2,500万円の支払いを長男に請求することができません。

　これを「持戻しの免除」といい、この文書は、生前贈与と同時に行う必要があります。

　このように、生前贈与には一定のリスクがありますが、適切な対策をとることでこのリスクを防止することができます。

第3節　相続・家事手続を通じて事業を引き継ぐ

Q4-12 成年後見手続の注意点

長男の私は、代表取締役である父から会社を引き継ぐよう言われていますが、肝心の父が最近物忘れが多く、承継してもらえるか不安です。どのような方法がありますか。

 父を被後見人として、成年後見開始の手続きを家庭裁判所に申し立てる方法があります。

解説

1 契約が無効となるリスク

現経営者がすでに認知症に罹患している場合、契約内容を十分に把握、認識しないまま株式譲渡契約を交わしたとして、第三者から契約の無効を主張されることがあり得ます。

この場合、せっかく株式を引き継いだ子は、株式譲渡が無効となり株式を取得できなくなるなど、会社経営に大きな影響を及ぼします。

2 成年後見申立手続

このようなリスクに備えて精神状態に不安のある現経営者について、成年後見を申し立て、成年後見人との間で株式譲渡契約を締結するという手法が考えられます。

成年後見申立は、本人、配偶者、4親等内の親族らに申立権限がありますので、子として、父親の成年後見を申し立てることができます。

管轄の家庭裁判所に申立てを行い、成年後見人の候補者として、場合によっては子が自ら申し出ることが可能です。

図表4-13　成年後見制度を利用する

 しかしながら、成年後見人に選任されるためには、利害関係人の同意（推定相続人の同意）が必要となります。そのため、子らの間でだれを成年後見人にするのか揉めている場合には、同意を得られない場合があります。この場合には専門家の成年後見人が選任されることになります。

 成年後見人が選任されたのち、成年後見人である父親が会社を長男に継がせたいという意思が当初から明確であった場合、成年後見人と長男との間で株式譲渡契約を締結することが考えられます。ただし、長男自身が成年後見人になっている場合、自分自身に対して父親の遺産を譲渡させることになり、利益相反取引となりますので、この場合には裁判所に対してこの契約を締結するためだけに特別代理人を選任すという方法を取る必要があります。

 いずれにせよ、当該手続きを経て契約を締結できた場合、後日、かかる契約が無効となることはありません。

 このように、現経営者である父親の病状等を十分正確に見極めたうえで、契約が無効にならないよう手続きを取ることをおすすめします（**図表4-13**参照）。

第4節 M&Aを通じて事業を引き継ぐ

Q4-13 M&Aによる事業承継

M&Aとはどのようなものですか。また、M&Aによる事業承継について教えてください。

A M&Aによる事業承継とは、株式を売却すること、または自らの会社を第三者の会社に合併してもらうことによって、第三者に会社を引き継ぐことをいいます。

解説

1 M&Aによる事業承継とは

M&Aとは、日本語では「合併と買収」を意味します。

すでにご説明してきたとおり、家族・親族間においては、相続手続きを用いることで承継を行うことができますが、第三者に事業を譲渡し、その対価を受け取って旧経営者は経営から退くという手法が、M&Aによる事業承継の最も典型的なケースです。

2 M&Aの種類

M&Aには「株式譲渡による事業承継」、「合併による事業承継」、「事業譲渡による事業承継」などが存在し、それぞれ譲渡の方法が異なります

図表4-12

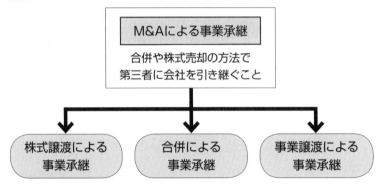

- 対象となる会社の情報開示
- 買主の選定
- 価額の決定

(**図表4-14**参照)。

詳細は、Q4-14でご説明します。

③ M&Aの手順

　M&Aは第三者に会社を引き継ぐ方法ですので、親族間の相続手続きなどと異なり、会社の情報の開示、買主の選定、価格の決定など、固有の手順を踏む必要があります。

　これらにつきましては、Q4-15～Q4-17でご説明します。

Q4-14 M&Aの種類

M&Aによる事業譲渡には、どのような方法がありますか。

 M&Aによる事業譲渡の手法の代表的な手法としては、「株式譲渡による方法」、「合併による方法」、「事業譲渡による方法」があります。

解説

1 株式譲渡による事業承継

　株式譲渡による事業承継の説明のため、A社が自らの事業をB社に譲渡するケースを考えてみましょう。

　株式譲渡による事業承継とは、B社がA社の株主からA社株をすべて売買により購入し、B社自身がA社の完全株主となることで、A社は存続しつつも株主であるB社によって意思決定が行われる組織となる（A社はB社の子会社となる）という方法を用いた、事業譲渡の手法です。

　この場合、A社の株主は、B社より株式の対価を取得して経営から退きます。しかし、A社自体は、従来どおり存続しますので、A社と他社との間の契約関係、A社の従業員との間の雇用関係はすべて従来どおり維持されます。

2 合併による事業承継

　合併による事業承継は、大きく2種類あり、「吸収合併」と「新設合併」があります。

(1) 吸収合併

　吸収合併とは、上記①の例でいうと、A社がB社に吸収される結果、B社のみ存続し、A社自体は消滅するという手法です。この場合、B社は、A社の取引先との間の権利関係および従業員との間の雇用関係を、包括的に承継します。

　上記①の株式譲渡の手法との違いは、A社自体が消滅してしまい、A社の業務はすべてB社の中に吸収されてしまうというものです。この場合、A社の株主は、B社の株主となります。

(2) 新設合併

　新設合併とは、A社とB社が合併し、新たなC社を新設することで、事業を承継する手法です。この場合、C社は、A社、B社の取引先との間の権利関係及び従業員との間の雇用関係を包括的に承継します。

　この場合、A社の株主はC社の株主となります。

③ 事業譲渡による事業承継

　事業譲渡による事業承継とは、A社のうちのすべての事業部門、または一部の事業部をB社に売却し、A社は事業の対価たる代金を受領するというものです。

　この場合、A社は、売買の対象となった事業をB社に引き継いだ後も存続しますが、全部の事業譲渡した場合、現実的には、事業部門のない会社となります。

　対象となる事業にかかわっていない従業員は、A社に残り、B社に雇用契約が引継がれませんが、対象事業にかかわっていた従業員であっても、事業譲渡契約書の内容次第でB社に雇用契約が引き継がれないことがあります。また、事業譲渡の対価はあくまでもA社自体が取得し、A社の株主はこれを取得することができません。

　この場合、A社の株主の地位は、そのままA社の株主として残存します。

Q4-15 M&Aの手順

M&Aは、どのような手順で行えばよいのでしょうか。

 M&Aの「準備行為」と「実行行為」の2段階の手順で行うことをおすすめします。

解説

1 M&Aの準備行為

M&Aを行うためには、まず、
① いかなる方法（株式譲渡、合併、事業譲渡）で
② いくらの金額で
③ だれに

承継させるかを検討し、事業譲渡計画を立案します。
そして、
④ 承継の候補を選定し
⑤ 基本合意書、秘密保持契約書を作成します。

2 実行行為

その後、条件面での折衝の後、最終的な合意文書として株式譲渡契約書を締結し、具体的な決済、株式の移転と代金の支払いを行います（**図表4-15**参照）。

図表4-15　M&Aの手順

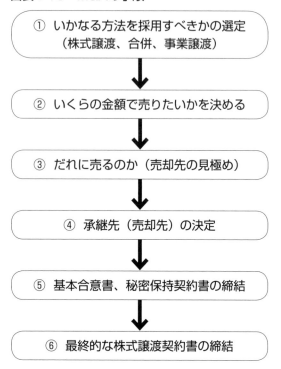

第4節 M&Aを通じて事業を引き継ぐ

Q4-16 買主を探す

M&Aにおいて自社の事業を引き継いでくれる買主を、どうやって探せばよいのでしょうか。

 買主の選定はご自身では容易でなく、専門の会社に依頼することをおすすめします。

解説

1 総論

自身でもともと売却先候補者がいない場合、証券会社、銀行、独立系仲介会社等によるアドバイスの下、買主の選定作業を進めます（図表4-16参照）。

2 専門会社の相違

(1) 銀行に依頼した場合の手法
① 各種企業との間で、融資、経営相談を通じて信頼関係を築いており、買い手となる企業を選定しやすい
② また、売買情報の開示を大々的に行わないことから、秘密性保持に優れている

(2) 独立系の仲介会社を利用した場合の手法
① 中小企業から大企業まで多様な会社へ売買情報を開示し、多く購入希望会社を見つけることができ、スピーディーに手続きを進めることができる
② 安い費用で行う傾向にある

図表4-16　買主の選定

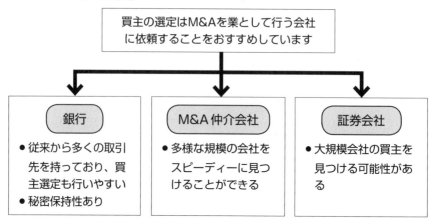

（3）証券会社を用いた手法

　大規模会社の買主を見つける可能性がある。

Q4-17 価格の決定

M&Aにおいて売却対象となる株式または事業の価格は、どのように決定すべきでしょうか。

 買主側から、財務デューディリジェンスおよび法務デューディリジェンスを受け、財務リスクおよび法務リスクをなるべく正確に把握し、適正な価格を決定していきます。

解説

1 代金の決定

代金の決定は、他の売買契約同様、売主と買主との合意によって定めるものです。

M&Aの対象物は、いわゆる会社の株式または会社の特定の事業であり、一見して買主側からはその内容が不明確です。そのため、財務デューディリジェンスおよび法務デューディリジェンスを行うことで、会社の実態を買主側に開示し、買主側はこれを踏まえて価格が適正かどうかを判断することになります。

ここでは、法務デューディリジェンスに特化してご説明します。

2 法務デューディリジェンスについて

法務デューディリジェンスは、最低限、**図表4-17**の各書類に目を通し、主に弁護士が主体となって、購入先会社の法的リスクの存否を判断しています。

図表4-17 法務デューディリジェンス資料一覧

1. 会社法関係	① 会社登記簿謄本 ② 定款 ③ 株主総会議事録、招集通知およびその添付書類、事業報告書等配布資料 ④ 取締役会、監査役会、経営会議その他の会議体の議事録 ⑤ 監査報告書
2. 組織関係	① 株主名簿 ② 株式譲渡に関する関する契約 ③ 会社の資本もしくは発行済み株式数に影響を与え得る契約
3. 役員関係	① 取締役および監査役名簿 ② 報酬規定、退職慰労金規定、役員定年規定等 ③ 会社と役員との契約書(秘密保持契約書)
4. 労働関係	① 従業員名簿 ② 雇用契約書 ③ 就業規則
5. 不動産関係	① 不動産物件目録 ② 所不動産登記簿謄本 ③ 不動産売買契約書、賃貸借契約書等 ④ 抵当権設定契約書 ⑤ ローン残高履歴 ⑥ 不動産鑑定評価書
6. その他	① リース契約書 ② 知的財産権の内容がわかる資料 ③ ライセンス ④ 金銭貸借契約書 ⑤ 保証契約または債務引受契約(損害担保契約、経営指導念書等も含む) ⑥ 不動産関連許認可 ⑦ 事業関連許認可

第5節 株式譲渡契約

Q4-18 株式を譲渡するための契約

株式または事業を譲渡するためには、どのような種類の契約を結ぶ必要がありますか。

M&Aの事業承継に際しては、「基本合意書」、「秘密保持契約書」、「株式譲渡契約書」といった契約を締結する必要があります。

解説

　M&Aを用いた事業承継においては、承継先候補者との間で一定期間売却に向けての交渉を行い、情報を提供し、調査をしてもらう必要があります。その際、最終的な契約に至るまで、一定期間の準備段階が予定されています。

　したがって、まず「基本合意書」を締結し、準備段階における規律を定めることが望ましいのです。また、個別に「秘密保持契約書」を締結し、デューディリジェンスによって開示した情報を第三者に漏らさないよう規律を定める必要があります。

　さらに、デューディリジェンスの結果、売却についての合意が形成された場合には、その合意内容を書面としてまとめた「株式譲渡契約書」または「事業譲渡契約書」を締結することになります（**図表4-18**参照）。

221

図表4-18　M&Aによる事業承継において締結が必要な契約書

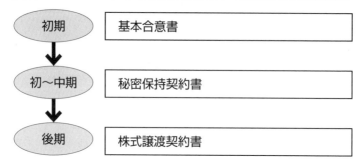

Q4-19 基本合意書とは

基本合意書とは、どのようなものですか。

A 基本合意書は、M&Aの合意形成までの間の準備段階における当事者間のプロセス、スケジュール、ルールを定めるものです。この時点では最終的な合意に向けてのルールを定めるだけであり、最終的な合意を約束するものではありません。

解説

1 基本合意の必要性

基本合意書は、売主側・買主側にとってそれぞれ真剣に最終合意に向けて誠意を尽くすということを約束する意味があり、また、場合によっては独占的な交渉権を明示すること、Q4-20で別途述べますが、秘密保持条項等の準備段階におけるルールを定めること、または合意形成までの期限を定めることといった準備段階において必要不可欠な事項を定めるものであり、必要性は高いと言えます。

2 基本合意書に盛り込むべき内容

基本合意書には、①価格の決定方法、②最終合意の期限、③売主側の表明保証、④秘密保持条項、⑤公表方法についての定め、などを盛り込むのが通常です。

図表4-19に、基本合意書の例を掲示しました。

図表4-19　基本合意書の例

基本合意書

　A株式会社（以下「甲」という。）と、株式会社B（以下「乙」という。）は、C株式会社（以下「対象会社」という。）の株式譲渡に関し、以下のとおり基本合意書を締結する。

（前提事実）
第1条　甲及び乙は、甲が対象会社の発行済株式の全株式を保有していること、及び、対象会社において株式譲渡禁止に関する定めが存在しないことを確認する。

（合意事項）
第2条　甲及び乙は、甲が乙に対し、甲が保有する対象会社の株式全部を売却することに合意した。

（本件株式譲渡及び譲渡価格）
第3条　甲は、本合意書に定めるところに従い、平成○年○月○日を目処として本当事者間で別途合意される日（以下「実行日」という。）において、対象会社の発行済株式のすべてである普通株式○○○○○○株（以下「本件株式」という。）を、次項の定めに従い決定された価格で乙に譲り渡し、乙はこれを同価格で譲り受けること（以下「本件株式譲渡」という。）に基本的に合意する。

　2　本件株式の譲渡の対価は、1株当たり○○○円を目処とし、第5条に定める買収監査の結果をふまえた調整を行った後、株式譲渡契約（以下「正式契約」という。）において定めるものとする。

（正式契約日）
第4条　甲と乙及び丙は、平成○年○月○日までに、本合意書を踏まえて交渉のうえ、本件株式譲渡にかかる正式契約の締結を目指すものとする。

（対象会社の株式についての保証）
第5条　甲は、対象会社が日本国法において適法に設立され、かつ存続する株式会社であることを、乙に対し保証する。

　2　甲は、平成○年○月末日現在、対象会社の発行済み普通株式数が○○○○○○株、対象会社の株主が甲のみであることを、乙に対し保証する。

　3　甲は、本合意書締結時点で、対象会社の株式につき、いかなる第三者もストック・オプション、新株予約権、その他の方法で、対象会社の株式を取得する権利を有しないことを、乙に対し保証する。更に、甲及び対象会社は、乙に対し、本件株式譲渡がなされるまで、対象会社において新株発行、その他いかなる方法であれ、対象会社の発行済み株式総数が増加するか、増加す

る可能性のある手続を行わないことを保証する。ただし、別途甲及び乙で合意する場合はこの限りではない。

(対象会社の財産内容の保証等)
第6条　甲は、既に提出している平成○年○月末日現在の対象会社の決算報告書(貸借対照表、損益計算書、財産目録、付属明細書等すべての資料を含む。)が日本で一般的に認められた会計基準に従って作成されたものであり、同日現在の対象会社の財政及び資産の状態並びに同日に終了した事業年度の対象会社の経営成績を適正に表示していることを、乙に対し保証する。ただし、軽微な差異については、この限りでない。
　2　甲は、平成○年○月末日以降、対象会社の財政又は資産の状態、経営成績等に重大な悪影響を及ぼすおそれのある事由が生じていないことを、乙に対し保証する。
　3　甲は、それぞれ自らが開示した事実又は資料が、重要な点で真実であることを保証する。
　4　甲は、対象会社に関して、現在、訴訟その他の紛争が存在せず、また合理的に予見される範囲での紛争も存在しないことを、乙に対し保証する。

(買収監査)
第7条　乙は、本合意書の締結後2か月以内において、乙及びその選任する弁護士、会計士並びにその他のアドバイザー等による、対象会社の資産及び負債等についての調査を実施、完了するものとし、甲及び対象会社はこれに協力する。

(本件株式譲渡に向けた協力義務)
第8条　甲及び乙は、本合意書の締結後、前条にかかる買収監査の実施のほか、本件株式譲渡の内容を実行するのに必要な契約及び社内手続を可及的速やかに実施し、平成○年○月○日までに、正式契約の締結をはじめとする本件株式譲渡(株券の交付を含む。)が行われるよう誠実に協力する。また、甲はかかる事項について対象会社の協力を調達するものとする。

(甲の派遣役員の退任等)
第9条　甲は、平成○年○月期にかかる株主総会において、甲が対象会社に対して派遣していた役員全員を辞任させるものとする。
　2　甲及び乙は、甲が対象会社に派遣していた従業員等の取扱につき別途協議するものとする。

(公表)
第10条　甲、乙及び対象会社は、本基本合意書の締結及びその内容をマスコミ等に公表する時期、方法等について協議し、甲、乙及び対象会社の書面による合意のうえで公表するものとする。

(秘密保持)
第11条　甲及び乙は、本基本合意書の締結及び一切の内容に関し、書面による相

手方の同意のない限り、第三者に開示、提供又は漏洩してはならない。
　２　甲及び乙は、本件目的のために開示又は提供された相手方の情報（対象会社に関する情報を含む。）の一切を秘密として保持し、相手方による事前の書面による同意なしには、それらを本件目的以外に使用してはならず、また、第三者に開示、提供又は漏洩してはならない。ただし、官公庁の照会に応じる場合等正当の理由がある場合には、この限りでない。
　３　前項の規定は、本合意書の終了後３年の間、効力を有するものとする。
（独占的交渉義務）
第12条　甲及び乙は、本合意書の有効期間中ないし期間満了後30日間経過する日までの間においては、その形態の如何を問わず、対象会社の事業の全部又は一部を対象とした第三者との事業の統合ないしは業務提携について、当該第三者と協議又は検討してはならないものとする。
（解除）
第13条　甲及び乙は、本合意書締結後正式契約を締結するまでの間、甲、乙若しくは対象会社に以下各号に定める事項が生じた場合には、請求により直ちに本合意書を解除することができる。
　⑴　本合意書の条項に違反し、相当の期間を定めて催告しても違反事実が是正されないとき。
　⑵　監督官庁より営業停止又は営業免許もしくは営業登録の取消処分を受けたとき。
　⑶　仮差押、仮処分、強制執行、担保権の実行としての競売の申立て、又は破産、民事再生、会社更生、会社整理の申立て等があったとき、若しくは清算に入ったとき。
　⑷　支払停止、支払不能等の事由を生じたとき。
（有効期間）
第14条　本合意書の有効期間は、締結日から平成○年○月○日までとし、両当事者の書面による合意をもってのみ本合意書の有効期間を延長することができる。
（確認事項）
第15条　甲及び乙は、本合意書の締結により正式契約を締結する義務が生じるものでないことを相互に確認する。
（管轄裁判所）
第16条　本基本合意書に関し万一紛争が生じた場合には、東京地方裁判所を第一審専属管轄裁判所とする。
　本基本合意を証するため、本書２通を作成し、各自記名押印のうえ、各１通を保有する。
　　　平成○年○月○日

甲
　住　所
　　　株式会社○○○○
　　　代表取締役　○　○　○　○　㊞
乙
　住　所
　　　株式会社○○○○
　　　代表取締役　○　○　○　○　㊞

Q4-20 秘密保持契約書とは

秘密保持契約とは、どのようなものですか。

A M&Aによって、事業承継を行うこと、および、デューディリジェンスの結果知り得た情報を当事者間の秘密として保持することを定めた契約書です。

解説

　M&Aによって事業承継を行うことが第三者に漏れた場合、売主側が株式を売却しなければならないほど経営が悪化しているという予測が立ち、会社の信用が害されることがあります。そのため、かかる事態を避けるよう、当事者間で秘密保持契約書を締結する必要があります。

　また、Q4-19でご説明したとおり、法務デューディリジェンスによって開示を受けるべき情報は、対象会社の重要情報の全般に及び、対象会社の営業上の秘密を守るためには、法務デューディリジェンスの結果知り得た情報を当事者間の秘密として保持することを約束しておく必要があります。

　図表4-20に、秘密保持契約書の例を掲示しました。

図表4-20　秘密保持契約書の例

秘密保持契約書

　株式会社A（以下「甲」という。）及びB株式会社（以下「乙」という。）は、乙が甲の子会社である株式会社C（以下「対象会社」という。）の買収を検討する（以下「本契約目的」という。）に当たって、両当事者間で交換される両当事者及び対象会社の情報の守秘義務に関し、下記のとおり契約する。

（定義）

第1条　本契約でいう「秘密情報」とは、一方当事者（以下「情報受領者」という。）が、他方当事者（以下「情報開示者」という。）から受領する一切の情報（文書、電子ファイル、口頭等その他の媒体のいかんを問わない。）、情報受領者が当該情報に基づいて判明し又は推知された事実や情報とする。

（守秘義務）

第2条　情報受領者は、前条に規定する秘密情報について、厳に秘密を保持し、これを本契約目的の範囲内で使用するものとし、情報開示者の事前の書面による承諾なくして第三者にこれを漏洩したり、開示したりしてはならない。ただし、本契約目的を達成するために必要な範囲内で、情報受領者の取締役・監査役・執行役員・従業員・コンサルタント・弁護士・税理士または公認会計士に開示する場合を除く。

　　2　情報受領者が前項ただし書の規定に従い、秘密情報を第三者に開示する場合には、情報受領者は当該第三者における守秘義務の遵守についても責任を負い、当該第三者に対し、必要な措置を講じなければならない。

（適用除外）

第3条　次の各号のいずれかに該当する情報については、両当事者はそれぞれ、前条の義務を免れる。

　　(1)　情報開示者から開示された時点で、既に公知となっていたもの
　　(2)　情報開示者から開示された後で、情報受領者による本契約の違反行為によらずして公知となったもの
　　(3)　情報開示者から開示された時点で、情報受領者が既に保有していたもの
　　(4)　官公庁、証券取引所ないし自主規制機関から、法令ないし規則上の権限に基づき開示を要請されたもの

（情報の返還・廃棄）

第4条　情報受領者は、情報開示者からの請求があった場合、乙による買収が実現しないことが確定した場合、又は本契約が終了した場合には、情報開示者より開示された秘密情報が含まれている書類・電子データその他すべての媒体を、情報開示者の指示に従い、速やかに返還又は廃棄しなければならない。

ただし、情報受領者において秘密情報を利用して作成したものであって、法律上保管が義務づけられているものについてはこの限りでない。
(有効期間)
第5条　本契約の有効期間は、本契約の締結の日から3年間とする。ただし、本契約目的に関し、両当事者間で締結された最終契約その他の合意書において別段の定めがなされた場合には、当該定めに従うものとする。
(違反の効果)
第6条　甲又は乙は、相手方当事者において本契約に基づく守秘義務の違反状態を覚知した場合、直ちに相手方当事者に対して、当該違反状態を是正するために必要な措置を講じることを求めることができる。
　　2　甲又は乙は、相手方当事者が故意又は過失により本契約に基づく守秘義務に違反した場合、当該違反行為により被った損害の賠償を請求することができる。
(準拠法及び管轄裁判所)
第7条　本契約に関し紛争が生じたときは、東京地方裁判所を第一審の専属管轄裁判所とする。
(誠実協議)
第8条　本契約に規定のない事項及び本契約の条項に関して疑義が生じたときは、両当事者は信義誠実の原則に則り、誠意をもって協議し解決するものとする。
　本契約を証するため本書2通を作成し、乙による記名捺印のうえ甲乙各1通保有する。
　　　平成〇年〇月〇日

　　　　　　　　　　　　　　甲
　　　　　　　　　　　　　　　住　所
　　　　　　　　　　　　　　　　　株式会社〇〇〇〇
　　　　　　　　　　　　　　　　　代表取締役　〇　〇　〇　〇　㊞
　　　　　　　　　　　　　　乙
　　　　　　　　　　　　　　　住　所
　　　　　　　　　　　　　　　　　〇〇株式会社
　　　　　　　　　　　　　　　　　代表取締役　〇　〇　〇　〇　㊞

Q4-21 株式譲渡契約書とは

株式譲渡契約書とは、どのようなものでしょうか。

株式譲渡契約書は、株式を目的とした売買契約書であり、M&A による事業承継において、最終的な合意文書です。

解説

　株式譲渡契約書は、株式を売買の目的とした売買契約書に他なりませんが、通常の売買契約と異なり、売買の目的である株式の価値を算出するための会社の実態について、デューディリジェンスをしてもなお、不明瞭な点が残ることが想定され、かかる不明瞭な点については、最終合意の段階で、売主側に表明保証をしてもらう必要がある点が特徴的です。

　表明保証とは、例えば、会社が連帯保証をしている主債務の消滅が書面上不明確である場合において、売主側に置いて、主債務がすでに弁済によって消滅していることから、連帯保証債務も消滅している旨表明してもらい、万一、連帯保証債務が存在していた場合には、損害賠償請求をすることができるといった取り決めをすることで、不明確な部分のリスクをなくす工夫をする必要があります。

　図表4-21に、株式譲渡契約書の例を掲示しました。

図表4-21　株式譲渡契約書の例

株式譲渡契約書

　〇〇株式会社（以下「甲」という。）及び株式会社〇〇〇〇（以下「乙」という。）は、甲の子会社である株式会社〇〇〇〇（以下「対象会社」という。）の全株式（以下「本件株式」という。）の譲渡に関し、以下のとおり契約を締結する。
（株式の譲渡）
第１条　本契約に定める条項に従い、平成〇年〇月〇日又は甲乙間で別途定める日（以下「譲渡決済日」という。）をもって、甲は、本件株式を乙に譲渡し、乙はこれを甲から譲り受ける（以下、本契約に基づく本件株式の譲渡を、「本件株式譲渡」という。）。
（本件株式）
第２条　本契約に基づいて甲から乙に譲渡される本件株式は以下のとおりとする。
　　(1)　発行者：株式会社〇〇〇〇
　　(2)　種類：普通株式
　　(3)　株数：〇〇〇〇〇株
（譲渡価額及び支払方法）
第３条　本件株式の譲渡価額は、金〇〇〇〇〇円とする（以下「本件対価」という。）。
　２　乙は、以下の期日までに、本件対価を甲指定の銀行口座に銀行振込の方法で支払う。
　　(1)　譲渡決済日限り　金〇〇〇〇〇円
　　(2)　譲渡決済日より３か月が経過した日まで　金〇〇〇〇〇円
（株券の引渡）
第４条　甲は、乙による前条第２項（２）にかかる本件対価の一部の支払と同時に、乙に対し、本件株式を表象するすべての株券を引き渡す。
（甲による表明及び保証）
第５条　甲について
　　　甲は、乙に対し、本契約締結日及び譲渡決済日において、甲について以下のとおり表明及び保証する。
　　(1)　甲は、日本法の下で適法に設立され、有効に存続している法人であり、またその財産を所有しかつ現在行っている事業を遂行するために必要な権利能力及び行為能力を有している。
　　(2)　甲は、本契約の締結及び履行に関し、会社法、定款、取締役会規則、その他甲の会社規則に従った必要な社内手続をすべて履行している。
　　(3)　本契約は、甲の適法、有効かつ法的な拘束力のある義務を構成し、甲に

対しその条項に従った強制執行が可能である。
  (4)　本契約の締結及び履行は、甲の定款、取締役会規則、その他の会社規則に違反せず、甲を当事者とし又はその資産を拘束する契約に本契約の締結及び履行に重大な悪影響を与える態様では違反せず、いかなる適用法令にも本契約の締結及び履行に重大な悪影響を与える態様では違反せず、かつ甲に対する又はこれを拘束する判決、命令又は決定にも違反しない。
2　本件株式について
  甲は、乙に対し、本契約締結日及び譲渡決済日において、本件株式について以下のとおり表明及び保証する。
  (1)　甲は、本件株式のすべてを適法に所有しており、ほかに本件株式に関し所有権等いかなる権利を主張する者も存在しない。本件株式には担保権、譲渡の約束等のいかなる制限又は負担も付いておらず、甲は、乙に対して本件株式を譲渡する権限を有している。ただし、対象会社の定款第○条に定める株式譲渡制限を除く。
  (2)　対象会社が発行する株式はすべて普通株式であり、その発行済株式総数は本契約締結日現在○○○○○株であって、甲は、発行済株式総数の全部を所有している。
  (3)　対象会社について、本件株式以外には、株主及びその資本構成に変動を及ぼす新株予約権、新株予約権その他いかなる証券又は権利も甲又は第三者に対して設定又は付与されていない。
3　対象会社について
  甲は、乙に対し、本契約締結日及び譲渡決済日において、対象会社について以下のとおり表明及び保証する。なお、本項において「甲の知る限り」という用語が使用される場合、対象会社の役員の認識も含まれるものとする。
  (1)　法人としての存在、権利能力及び行為能力
    対象会社は、日本法の下で適法に設立され、有効に存続している法人であり、またその財産を所有しかつ現在行っている事業を遂行するために必要な権利能力及び行為能力を有している。
  (2)　行政上の許認可
    対象会社は、現在営んでいる業務を現在の態様にて行うに当たって必要なすべての許認可の取得を行っており、これらの許認可は有効に存続していて、効力の停止、失効又は取消等はない。
  (3)　財務諸表
    乙に交付済みの平成○年3月31日（以下「基準日」という。）現在の対象会社の貸借対照表、損益計算書及びその他の財務諸表は、一般に公正妥当と認められている会計原則に従って作成されており、対象会社の通常の期中に作成されるものと同等の程度で正確なものであり、基準日現在の対

象会社の資産及び負債を適切に表している。また基準日以降対象会社の資産及び負債は、対象会社の通常の事業の遂行に伴う変動を除き、大きな変動をしていない。

(4) 棚卸資産

対象会社は、譲渡決済日現在、期限切れ等出荷に値しない棚卸資産を、合理的な範囲を超えて過大には保有していない。

(5) 支払遅延の不存在

対象会社は、譲渡決済日現在、その支払遅延が対象会社の事業の運営に重大な悪影響を与えない少額の債務を除き、弁済期限の到来した債務をすべて支払済みであり、いかなる債権者に対しても支払遅延を行っていない。

(6) 保証

対象会社は、他のいかなる会社の債務の保証もしていない。

(7) 倒産手続

対象会社は、破産、民事再生手続開始、会社更生手続開始等のいかなる倒産手続の申立ても行っていないし、甲の知る限り、そのような申立ては対象会社に対してなされていない。

(8) 法令等の遵守

対象会社は、事業運営に重大な影響を及ぼす恐れのあるような法律、規則、命令等の違反を行っていない。

(9) 独占禁止法

対象会社は、私的独占の禁止及び公正取引の確保に関する法律(以下「独占禁止法」という。)の違反、とりわけ再販価格維持行為又は再販価格維持を目的とするその他の行為で不公正な取引方法として独占禁止法上違法とされる行為で、それによって対象会社の事業運営に重大な影響を及ぼす恐れのあるような行為は一切行っていない。

(10) 公租公課

対象会社は、本契約書締結日以前に納付期限が到来した、対象会社に課せられた法人税その他の公租公課につき適法かつ適正な申告を行っており、その支払を完了している。

(11) 紛争

対象会社を当事者とする、又は対象会社の資産に関する訴訟、仲裁、その他の司法上又は行政上の手続は、係属しておらず、また、甲の知る限りそれ以前の紛争で対象会社の事業に重大な影響を及ぼすものは存在しない。その他、対象会社を当事者とする、又は対象会社の資産に関する判決、仲裁判断、その他の司法上又は行政上の判断、決定、命令等で対象会社の事業に重大な影響を及ぼすものは存在しない。

(12) 特許権・商標権

対象会社は、使用するすべての特許権・商標権につき特許権者・商標権者より使用許諾を得ている。甲は、譲渡決済日において、自己の有する商標について、対象会社へ譲渡する旨の譲渡契約を締結済みであり、かつ、甲から対象会社への商標権の移転登録を申請済みである。
  (13) 他人の特許権等
　　　対象会社は、現在販売している商品に関し、新商品としての販売時に、他人の特許権・商標権等の知的財産権を侵害しないこと及び不正競争防止法違反とならないことについて、対象会社と同一の事業を営む事業者において通常一般的になされている合理的な範囲で確認している。
  (14) 製造物責任
　　　甲の知る限り、対象会社の商品について、対象会社の責めに帰すべき「欠陥」（当該商品が通常有すべき安全性を欠いていること。）の指摘を受けていない。
  (15) 環境等
　　　甲の知る限り、対象会社は、環境関連法に基づいて遵守すべきすべての義務を遵守している。

（乙による表明及び保証）
第6条　乙は、甲に対し、本契約締結日及び譲渡決済日において、乙について以下のとおり表明及び保証する。
  (1) 乙は、日本法の下で適法に設立され、有効に存続している法人であり、またその財産を所有しかつ現在行っている事業を遂行するために必要な権利能力及び行為能力を有している。
  (2) 乙は、本契約の締結及び履行に関し、会社法、定款、取締役会規則、その他乙の会社規則に従った必要な社内手続をすべて履行している。
  (3) 本契約は、乙の適法、有効かつ法的な拘束力のある義務を構成し、乙に対しその条項に従った強制執行が可能である。
  (4) 本契約の締結及び履行は、乙の定款、取締役会規則、その他の会社規則に違反せず、乙を当事者とし又はその資産を拘束する契約に本契約の締結及び履行に重大な悪影響を与える態様では違反せず、いかなる適用法令にも本契約の締結及び履行に重大な悪影響を与える態様では違反せず、かつ乙に対する又はこれを拘束する判決、命令又は決定にも違反しない。

（甲の義務）
第7条　対象会社の経営
  (1) 甲は、本契約締結以降譲渡決済日までの間、対象会社の経営に関して、従前どおりの関与度合いで指導・監督し、かつ従前どおりの関与度合いで対象会社の現経営陣に引き続き従前どおりの経営を行わせしめるものとする。

(2)　甲は、本契約締結以降譲渡決済日までの間に、対象会社の取締役、監査役から辞任届を提出させる。
　(3)　甲は、対象会社に関し、通常の業務執行の範囲を超える事項、又は重要な財産の処分その他対象会社の財務内容、資産内容及び運営状況に重大な影響を及ぼすべき事項に関しては、本契約締結日までに既に乙に開示又は説明済みの事項を除き、予め乙の承認を得ない限りこれを行わせないようにするものとする。
2　本件株式譲渡についての行政手続及び第三者への通知・承諾
　(1)　甲は、譲渡決済日までに、対象会社の取締役会をして、本件株式の甲から乙への譲渡を承認する決議を行わせ、その取締役会議事録の写しを乙に交付するものとする。
　(2)　甲は、本件株式の譲渡に関し、法令により要求されている行政上の許認可にかかる手続を、譲渡決済日までにすべて完了するものとする。
　(3)　甲は、本件株式の譲渡に関し、第三者との契約上要求されている通知の実施及び承諾の取得を、譲渡決済日までに完了するよう合理的な努力をするものとする。
3　商品供給の確保
　甲は、Ｐ社が平成〇年〇月〇日付商品供給契約に基づいて対象会社に供給している商品の供給について、乙が対象会社の株式を取得してもこれを継続する旨の文書によるＰ社の同意を譲渡決済日までに取得し、これを乙に提示する。

（乙の義務）
第8条　乙は、甲及び対象会社が第7条に規定する事項を実行することについて全面的に協力するものとする。
2　乙は、譲渡決済日以降、対象会社をして譲渡決済日現在の対象会社の貸借対照表（以下「決済貸借対照表」という。）及び平成〇年〇月〇日から譲渡決済日までの貸借対照表以外の財務諸表（従来対象会社が作成していたものに限る。以下「その他の財務諸表」という。）を作成させる義務を負い、譲渡決済日から30日以内に決済貸借対照表及びその他の財務諸表の作成を完了したうえ、甲に提出する。決済貸借対照表及びその他の財務諸表の監査については、監査法人に支払う費用は、甲及び乙で折半する。
3　乙は、譲渡決済日以降の合理的な期間中、対象会社の本年度の決算資料の提供等、甲が経営管理上又は本件株式譲渡に関連して合理的に必要とする対象会社に関する情報・資料の提供等につき、対象会社に協力させる義務を負う。

（対象会社の役員及び従業員の処遇）
第9条　甲は、甲より対象会社に出向している役員を平成〇年〇月〇日限り退任させる。

2　乙は、譲渡決済日時点における対象会社の従業員が、譲渡決済日以降も継続して雇用されるよう最大限努力するものとする。
　　3　甲は、対象会社の従業員の雇用継続に関し、対象会社をして、譲渡決済日までに対象会社の従業員と乙との面談の場を設定させるものとする。
　　4　甲は、譲渡決済日後3年間、対象会社の従業員につき、甲、甲の子会社又は関連会社への就業を勧誘してはならない。

(甲の履行の前提条件)
第10条　甲は、譲渡決済日の時点において次の前提条件が成就していることを条件として、本契約第4条に基づく義務を履行する。
　　(1)　第6条に定める乙の表明及び保証が譲渡決済日において真実かつ正確であること。
　　(2)　第8条・第9条に定める乙の義務を履行したこと。

(乙の履行の前提条件)
第11条　乙は、譲渡決済日の時点において次の前提条件が成就していることを条件として、本契約第3条に基づく義務を履行する。
　　(1)　第5条に定める甲の表明及び保証が譲渡決済日において真実かつ正確であること。
　　(2)　第7条・第9条に定める甲の義務を履行したこと。

(損害賠償と減額請求)
第12条　甲に、第5条に定める表明及び保証の違反又はその他本契約の違反があった場合には、乙は甲に対して、譲渡決済日から2年以内に限り、当該違反により被った損害の賠償を請求することができる。ただし、第5条3項(10)(公租公課)に定める表明及び保証の違反の場合（本条3項に基づく請求も含む。）は、乙は甲に対して、譲渡決済日から5年以内に限り、当該違反により被った損害の賠償を請求することができる。
　　2　乙に、第6条に定める表明及び保証の違反又はその他本契約の違反があった場合には、甲は乙に対して、譲渡決済日から2年以内に限り、当該違反により被った損害の賠償を請求することができる。
　　3　各当事者の、本条に基づく損害賠償請求及び本件対価の減額請求は以下の制限に服する。
　　(1)　一件の違反につき500万円を下まわる額については損害賠償ないし減額を求めることはできない。
　　(2)　甲に、第5条3項に定める対象会社に関する表明及び保証の違反があった場合の損害賠償と本件減額請求額の合計金額は、本件対価（ただし本件減額請求前のもの）の50パーセントの金額を上限とする。

(契約の解除)
第13条　甲に、第5条に定める表明及び保証の違反又はその他本契約の違反があ

り、それが乙に重大な悪影響を及ぼす場合には、乙は、決済後1年間に限り本契約を解除することができる。

(秘密保持)
第14条　乙は、本件株式譲渡並びに本契約の締結及び履行に関して甲又はその代理人から乙又はその代理人に対して開示された情報については、甲乙間で締結した平成○年○月○日付秘密保持契約（以下「本秘密保持契約」という。）に基づく秘密保持義務の対象となることを確認する。

　2　甲及び乙は、本件株式の譲渡及び本契約の締結の事実（交渉経緯を含む。）及びその内容については、譲渡決済日の前後を問わず、その秘密を保持し、相手方の事前の書面による承諾のない限り、第三者に開示・漏洩しないものとする。

(競業禁止)
第15条　甲は、譲渡決済日から5年間、日本において、対象会社が現在行っている事業と同一若しくは類似する営業を行わず、また、甲の子会社又は関連会社に行わせないものとする。ただし、対象会社が現在行っている事業と同一若しくは類似する営業を本契約締結日の時点で行っている甲の子会社若しくは関連会社（これらの子会社若しくは関連会社を含む。）が行う営業を除く。

(公表)
第16条　本契約において企図された取引の公表については、当事者間で事前に十分協議するものとし、いずれの当事者も、他方当事者の事前承諾なく公表を行わないものとする。

(本契約の譲渡等)
第17条　本契約のいずれの当事者も、他方当事者の書面による事前の承諾なく、本契約に基づく権利義務又は本契約上の地位を第三者に譲渡することはできない。

(通知)
第18条　本契約に基づき要求される通知は、書面によりなされるものとし、かかる通知を行う当事者の選択により、直接手渡し、料金前払の書留郵便による郵送、ファクシミリによる送信、又は配達サービスを利用した配達のいずれかの方法により、他方の当事者に対し、以下の宛先及び住所又はファクシミリ番号宛に行う。

　　　　甲宛：
　　　　　　（宛先）株式会社○○○○　（役職）某
　　　　　　（住所）東京都・・・
　　　　　　（ファクシミリ番号）・・・
　　　　乙宛：
　　　　　　（宛先）○○株式会社　（役職）某

　　　　　　（住所）大阪府・・・
　　　　　　（ファクシミリ番号）・・・
（完全なる合意）
第19条　本契約は、本件株式譲渡に関連する当事者間のすべての合意を構成するものであり、本件株式譲渡に関連する従前の合意、了解事項、交渉及び協議に取って代わるものであり、かかる従前の合意等はすべて失効するものとする。
（準拠法及び管轄裁判所）
第20条　本契約の準拠法は日本法とし、本契約に起因し又は関連する一切の紛争については東京地方裁判所を第一審の専属管轄裁判所とする。
（協議解決）
第21条　本契約の当事者は、本契約に定めのない事項又は本契約の解釈に関し疑義を生じたときは、相互に信義誠実の原則をもって対処し、速やかに解決を図るものとする。
　本契約の成立を証するため、本書2通を作成し、記名捺印のうえ各1通を保有する。
　　　　平成〇年〇月〇日
　　　　　　　　　　　　　　甲
　　　　　　　　　　　　　　住　　所
　　　　　　　　　　　　　　　　〇〇株式会社
　　　　　　　　　　　　　　　　代表取締役　〇　〇　〇　〇　㊞
　　　　　　　　　　　　　　乙
　　　　　　　　　　　　　　住　　所
　　　　　　　　　　　　　　　　株式会社〇〇〇〇
　　　　　　　　　　　　　　　　代表取締役　〇　〇　〇　〇　㊞

■索 引

【あ 行】

アントレプレナーシップ　47
育成にかかる期間　45
遺産分割対策　160
意思決定　44
　──の最高機関　177
遺贈　191
一次相続　126
一般社団法人を使う　117
一般障害者　132
遺留分減殺請求　194、204、206
売主側の表明保障　223
オペレーション・マネジメント　64

【か 行】

会社が買い取るケース　108
会社の種類に応じた引継ぎ　8
会社の情報の開示　198
会社の情報開示とその精査　198
会社の将来像を描く　11
会社の強みの引継ぎ　14
会社の引継相手と引継方法　190
会社の魅力や将来性を実感させる　35
買取り資金　162
買取り資金を準備　155
買主の選定　218
買主を探す　217
外部環境の変化　29
価格の決定　219
価格の決定方法　223
貸付金の対策　157

貸付金も相続財産　157
家族・親族に引き継がせる場合　191
家族・親族への引継方法　193
合併と買収　211
合併による事業承継　213
株価の評価方法　92
株価を引き下げる　112
株価引下げのポイント　113
株式の譲渡　176
株式の売買にかかる税金　105
株式を譲渡するための契約　221
株式会社　177
株式会社以外の会社　177
株式譲渡による事業承継　213
株式譲渡契約　9、221
株式譲渡契約書　231
　──の例　232
株主総会　177
　──の招集　181
関係の質の承継　71
管理会計　64
起業家精神　47
危機を乗り越えるカギ　17
議決権　181
基礎控除　123
基本合意書　223
　──の例　224
客観的視点　23
吸収合併　214
教育のステップ　59
競合分析　27
業績　30
業務執行権限　8
銀行に依頼した場合　217

241

金庫株　162
金銭・数値に対する感覚　64
具体的な実践計画を立てる　84
具体的な引継ぎの手法　101
経営権を引き継ぐ　3、176
経営者のリーダーシップサイクル　61
経営者の相続　121
経営数値目標　83
経営戦略　64
経営判断　44
経営理念　15、39
　──の好例　40
経営力の発揮　44
契約が無効となるリスク　209
決定権　8
現経営者が急逝した場合　153
原則的評価方法　92
コミュニケーション力の発揮　44
後継者が20代　170
後継者が30代　171
後継者に伝承すべきこと　60
後継者のやる気を引き出す　53
後継者のライフプランニング　170
後継者のリーダーシップ開発　50
後継者の教育　43
後継者の決定　11
後継者の選定　5、32
後継者を支える人間関係　6
後継者育成にかかる期間　45
後継者育成の進め方　57
後継者教育の必要性　43
後継者選定のポイント　32
合資会社　185
公正証書遺言　203
合同会社　185
行動計画フォーマット例　85
公表方法についての定め　223

合名会社　185
顧客・市場分析　26
顧客・取引先に聞いてみる　24
国外財産　135、173
個人での貸付けや借金　122
個人間での移転　108
個人経営事業の場合　178
個人経営事業主の事業承継　187
個人資産・負債棚卸のすすめ　99
個人資産・負債を把握しているか　98
個人所有の財産　7
婚姻期間20年で非課税　140

【さ　行】

サーバントリーダーシップ　50
債権　188
債権者の承諾　188
債権譲渡通知　188、189
財産の引継ぎのポイント　96
財産を円満に引き継ぐ　7
財産を引き継ぐ　3
最終合意の期限　223
債務の引受け　189
財務デューディリジェンス　219
死因贈与　191
事業ごとの優先順位　83
事業の売却　119
事業の方向性　83
事業環境の見極めポイント　28
事業環境を見極める　20
事業承継　2
　──のジャンル　14
　──のスケジュール　12
　──の全体像　110
　──の目的　67
事業承継が困難な理由　90

事業承継と経営者の相続　121
事業承継と税制改正　172
事業承継と生命保険　149
事業承継における壁　16
事業承継をスムーズにする方法　110
事業承継ガイドライン　86
事業承継計画書　86
事業譲渡による事業承継　214
事業保障対策　153
事業用の財産の譲渡　176
事業用財産　188
事業用債務の支払い　188
事業用資産　15
資金の調達方法　108
死後の整理資金　152
資産の承継　15
自社のビジョンを描く　22、29
自社の価値を明らかにする　37
自社の従業員に引き継ぐ場合　117
自社の存在価値　39
自社の強みの洗い出し　23
自社の強みの切り口例　21
自社の強みを明らかにする　35
自社の強みを明確にする　20
自社株が足かせになる　168
自社株の買取り　102
　――の注意点　107
自社株の買取り手法　104
自社株の納税猶予　114
自社株買取りができないケース　162
自社株式　15
実行行為　215
自筆証書遺言　202
死亡退職金　138、160
社員権の譲渡　176
従業員に引き継がせる場合　191
従業員の会社への帰属意識　15

従業員への引継ぎ　195
熟練工の持つ匠の技　15
純資産価額方式　92
障害者控除　131
小規模宅地等の特例　129
承継をスムーズにする方法　114
承継計画を作成する　22
承継想定者が決意できない代表例　34
証券会社を用いた手法　218
譲渡契約書　189
消費者のニーズ　29
消費者への質問例　25
剰余金分配可能額　162
将来像づくり　83
処遇　57
所有と経営の分離　177
人格なき社団　117
人材マネジメント　64
人材育成指針　83
人生曲線の記入例　80
新設合併　214
親族に引き継ぐ場合　114
親族への承継　101
親族外への承継　101
信託を使う　116
人的資本　30
スムーズな承継　33
推定相続人の同意　210
税制改正　172
生前金庫株　163
生前贈与　147、200
　――のデメリット　148
　――のメリット　166
　――の注意点　206
成年後見手続　201
　――の注意点　209
成年後見申立手続　209

243

税務対策　11
生命保険が解決　154
生命保険で準備する　109
生命保険の活用　205
生命保険を使うことのメリット　166
生命保険加入の目的　151
生命保険金等の非課税限度額　124
節税対策の概要　124
その他第三者に引き継ぐ場合　118
相続・家事手続　9
相続・家事手続での引継方法　199
相続金庫株　163
相続時精算課税　124、144
相続税の計算方法　123
相続税の納税資金　152
　　——の確保　137
相続税の配偶者の税額軽減　126
相続対策としての生前贈与　147
贈与税の配偶者控除　140
組織の成功循環モデル　72
組織行動学　64
組織再編　113、114
組織人事制度　30
組織内人間関係　30

【た　行】

タイプ分け論　52
タレント・マネジメント　57
代金の決定　219
第三者への売却　191
第三者への引継方法　197
代襲相続　148
退職金準備に生命保険を　160
代表取締役　183
知識技術　30
中小企業の株式の評価　92

弔慰金　138
デューディリジェンス　191、198
トーキングスティック　75
特別障害者　131
独立系の仲介会社を利用した場合　217
特例的評価方法　92
特例有限会社　184
取締役会　182
取引相場のない株式　92
　　——の評価方法　93

【な　行】

内縁　128
二次相続　128
人間関係の承継　67
年金支払特約　164
納税猶予制度の見直し　172
能力開発　57
能力活用　57
能力評価　57

【は　行】

廃業の際に注意する点　94
配偶者の税額軽減　126
配偶者の生活費確保　152
配当還元方式　92
売買契約書　189
ビジネスパートナー　30
ヒトの承継　5
ヒトを引き継ぐ　2
引下げ対策の全体像　112
引継ぎが必要なソフト面　111
引継ぎが必要なハード面　110
秘密保持契約書　228
　　——の例　229

秘密保持条項　223
付言　204
不動産の現金化　137
分配可能額　108
平成29年度税制改正　172
返済資金を生命保険で準備　157
法人税を加味した金額　164
法定相続人の数と養子　133
法務デューディリジェンス　219
保険を使う　124

【ま　行】

マーケティング　64
マネジメントバイアウト　118
孫養子の注意点　134
未上場株式の評価　92
　──の見直し　173
未成年者控除　131
目に見えにくい経営資源　14
持株会社　113
持戻し計算　148
持戻しの免除　193、207
物事の伝達プロセス　62

【や　行】

役員退職金の準備　160
遺言による承継　194

遺言執行者の選任　205
遺言書の作成　11、200
遺言無効確認訴訟　203
有限会社の事業承継　184
養子と相続税　133

【ら・わ行】

ライフプランニング　170
リーダーシップスタイル　47
利益圧縮　112
利益相反取引　210
利害関係人の同意　210
類似業種比準方式　92
暦年課税　147
暦年贈与　124
連帯保証債務　159、231
ロジカルシンキング　65
論理的な考え方　65

【英数字】

M&A　9、119、197
　──の種類　213
　──の準備行為　215
　──の手順　212
M&Aによる事業承継　211
MBO　118
5W3H　84

■執筆者紹介

西浦 善彦（にしうら・よしひこ）弁護士
1977年、鳥取県生まれ。首都大学東京法科大学院卒業。佐藤・西浦法律事務所。企業法務を中心に、相続、成年後見から事業承継まで幅広い案件をこなす。特に交渉、訴訟事件を得意とする。【主著】『Q&A民法（債権関係）の改正に関する中間試案』（ぎょうせい）、『困ったときのくらしの法律知識Q&A[改訂増補]』（清文社）、『Q&A建築瑕疵損害賠償の実務―損害項目と賠償額の分析』（創耕舎）

髙村 健一（たかむら・けんいち）税理士、2級FP技能検定士
1973年、神奈川県生まれ。大原簿記学校卒業。髙村税理士事務所代表。株式会社トラストコンサルティング代表取締役。オーナー系企業・個人の富裕層向け税務コンサルティング、アドバイザリー業務を得意分野とする。特に中小企業のオーナー向けの資産形成、運用アドバイス、節税対策には定評がある。大手簿記専門学校講師をはじめ、生命保険会社を中心とした大手金融機関、不動産業界、IT業界、エステ業界などさまざまな分野で講演研修を行っている。【メディア掲載】ニッキンマネー「節税のノウハウ」（日本金融通信社）ほか

坂井 隆浩（さかい・たかひろ）ファイナンシャル・プランナー
1977年、富山県生まれ。東京理科大学院卒業。外資系半導体メーカーにて技術職、営業職に携わる。2010年より外資系金融機関に転身。2014年より都内の相続相談会に携わり、年間100人以上の案件に対応。ファイナンシャル・プランナーとして顧客へのヒアリング力に定評あり。相続や事業承継を含め、複雑な案件を得意とする。そのほかに、個人向け「住宅ローンコンサルティング」「資産運用」、中小企業向け「財務コンサルティング」などを手がける。

垂水 克己（たるみ・かつみ）経営コンサルタント
1965年、東京都生まれ。中央大学商学部経営学科卒業後、大手食品メーカーに入社。部署統括マネージャーとして、買収した会社の事業建て直し、子会社社長への経営支援、親子会社間の葛藤解決、企業グループのビジョンづくり等に従事。2009年に独立。組織の一体化と信頼感醸成で業績を上げていく「燃える集団づくり」エージェントとして、中堅企業から小規模企業にわたり、2代目社長率いる会社の事業建て直しに奔走中。米国CRR認定プロフェッショナル組織＆関係性コーチORSCC。米国CTI認定プロフェショナルコーチCPCC。

実務&コンサルのプロによる 間違わない！事業承継Q&A

2017年4月20日 発行

著　者	西浦　善彦／髙村　健一／坂井　隆浩／垂水　克己 ⓒ
発行者	小泉　定裕
発行所	株式会社 清文社　東京都千代田区内神田1-6-6（MIFビル）〒101-0047　電話03(6273)7946　FAX03(3518)0299　大阪市北区天神橋2丁目北2-6（大和南森町ビル）〒530-0041　電話06(6135)4050　FAX06(6135)4059　URL http://www.skattsei.co.jp/

印刷：神谷印刷㈱

■著作権法により無断複写複製は禁止されています。落丁本・乱丁本はお取り替えします。
■本書の内容に関するお問い合わせは編集部までFAX（03-3518-8864）でお願いします。
■本書の追録情報等は、当社ホームページ（http://www.skattsei.co.jp/）をご覧ください。

ISBN978-4-433-64477-2